神さまに愛されて超開運する
感動の神社参り

著者　はづき

光文社

本書を読み進めていただく、その前に……。
あなたのこれまでの神社参拝法を、思い出してみてください。
以下の項目が、いくつ当てはまるでしょうか？

□胸を張って鳥居をくぐり、参道は堂々と真ん中を歩く
□お手水舎《ちょうずや》で口に含んだ水は、ちゃんと飲む
□お賽銭は小銭をポーンと高く放り投げて入れる
□お参りするときは、顔の前で手を合わせ、目をつぶる
□神前では一生懸命、真剣に願い事をする
□引いたおみくじは、神社の木に結んで帰る
□どうせ行くなら、有名で大きな神社に初詣に行く

いかがですか？　これらの項目に当てはまることはありますか？
ここに掲載したチェック項目はすべて、「残念な参拝法」に当たります。間違いで

はありませんが、こうした参拝法をしていては、残念ながら神さまと深くつながることはできませんし、神社参りで得られるはずの「浄化・覚醒・開運」効果も、ほとんど期待できません。

今までの参拝方法も決して間違いではありませんが、もし、あなたが神社の神さまとより深くつながり、神さまから愛され、幸運を引き寄せたいと思っているのなら、本書の知恵はきっと役に立つことでしょう。

さぁ、ここから、神社参りを通じて、あなたが今よりも、もっと自由に、もっと豊かに、もっと幸せになることを願って、私がまとめた「はづき式超開運神社参拝法」をご紹介させていただきます。神さまに愛されて、幸運を引き寄せるのは、まさに「今ここ」からです！

―目次―

第2章 さあ、神さまに会いにいきましょう 47

第3章 いよいよ、神さまとの対面です 77

はじめに

私にとって神社にお参りすることは、日常の一部。仕事であり、趣味であり、大好きなライフワークのようなものだと思っています。そんな私も、二十数年前までは年に一度、初詣に行くぐらいの、ごく普通の人でした。

そんな私が神社参拝にのめり込むようになったのは、1995年の阪神・淡路大震災。震災を経験したショックから仕事ができなくなり、いわゆる「自分探し」に明け暮れていたころ、ある人から、神社参拝を勧められたことがきっかけでした。

最初はなんだか「宗教くさいな」と思っていたのですが、実際に近場の神社を訪れてみると、確かに気持ちがいい。神社参拝の意味や仕方も、何も知らなかったのですが、そういう「しくみ」がわかった上で、神社を訪れてみると、さまざまな気づきがあって、どんどんのめり込むようになりました。

中でも、忘れられない不思議な感動体験が、伊勢神宮へのひとり参拝でした。兵庫県で生まれ育った私は小学校の修学旅行で、伊勢神宮は訪れているはずなのですが、その記憶はさっぱりありませんでした。ですから、30代の後半で伊勢神宮を訪れた際は、はっきり言って全くの初心者。事前に買った旅行ガイドを見ながら、一泊二日で外宮と内宮を中心に、ひとりでゆっくり参拝させていただきました。

その二日目のこと。内宮のご正宮での参拝を終え、帰ろうとすると、なんとなく呼ばれたような気がして、帰り道から外れて別の道へ。少し歩くと、そこには別宮があり、「荒祭宮《あらまつりのみや》」と書かれた立て札がありました。

そのお社を見た瞬間、なんとも言えず、懐かしい気持ちが込み上げてきました。同時に、「今回はここにくることが目的だったんだ」とわかりました。

特に理由はありませんが、確かにはっきり、そう感じたのを覚えています。

短い階段を上って、神前に立ち、二礼二拍手一礼の作法でお参りました。

神前に立っているだけなのに、なぜだかわからないほど、ドキドキしました。心臓がバクバクして、肩で呼吸をするような感じ。ちょっと落ち着こうと思って、神前から少し離れた場所に移動しましたが、なんだか立っていられないほど、息が苦しくなってきて、思わずその場にしゃがみ込んでしまいました。とにかく息を整えないといけないと思い、玉砂利の上にあぐらを組んで座りました。

すると、「やっと、ここまでたどり着きましたね。よく来られました。待っていましたよ」という声が聞こえてきました。ハッとして、顔を上げましたが、私以外には周囲に誰もいません。

空耳かなと思って、もう一度、目をつぶって、息を整えていると、「大丈夫。すべてはうまくいっています。今まで、よくがんばってきましたね。あなたはとても、よくやっていますよ」という声が、さっきよりもっとはっきりと聞こえてきました。

その「声」は、今まで一度も聞いたことのないような、とてもやさしく柔らかい波動で、私の頭の中に直接、語りかけるような感じで響いてきました。

その声を聞いた途端、私の中で「何か」がはじけました。まさに涙腺崩壊。今までダムかなにかで、せき止められていたかのように、身体の内側から涙が溢れ出し、あとからあとからポロポロとこぼれ落ち、途中からは人目もはばからず、オイオイと声を上げて、号泣です。

もうひとりの私が、誰かが見ていないか、不審者だと思われないかと、おどおどしているのですが、当の本人？　はどこ吹く風。完全に自分の世界にハマッてしまい、もうグチャグチャ……。制御不能で、もうどうにもならない状態でした。

それから、どれぐらいの時間が経ったのか、さっぱりわかりません。

涙と鼻水でグショグショになった顔と服を拭いて、のろのろと立ち上がろうとした瞬間、本殿の奥のほうから、光の玉のようなものが、私に向かって飛んでくるのが、見えました。とっさに危ないと思って、手を顔の前に出してよけようとしたのですが、その光の玉は、まばゆい光で私の全身を包み込みました。それから今度は、らせん状の光の渦が七色の光を放ちながら、ぐるぐると回転しながら迫ってきて、アーッと叫んだ私の口の中に飛び込んできたのです。

自分の身になにが起こったのか、さっぱりわからず、恐る恐る目を開けてみると、そこには先ほどと何も変わらず、「荒祭宮」のお社があるだけ。

今のは一体、なんだったのだろう……と思いながら、ようやく立ち上がったとき、もう一度、さっきの声が聞こえてきました。

「これから本当の仕事が始まりますよ」と。

……で、ふと我に返って、時計を見ると、神前に立ってから、たっぷり二時間以上は経過していて、本当に驚きました。

この不思議な感動体験は、当時の私にはなんのことか、よくわかりませんでした。

でも今なら、少しはわかるような気がします。当時の私は広告関係の仕事を生業にするフリーランスでしたが、今では本を80冊以上も書く作家となり、講演やセミナーで「目に見えない世界」の話をし、全国の神社に参拝するツアーなども主催するようになってしまったのですから……。

この感動体験がきっかけで、私は神社の神さまと、なんとなく会話ができるようになってきました。お陰様でそれ以降、私は各地の神社に行くのが楽しくて仕方なくなりましたし、神社で起こる不思議な現象も、書き出せばキリがないくらい、たくさん経験させていただきました。

本書で私がまとめた「はづき式神社参拝法」は、誰かに教えてもらったものではありません。神社や神さま、神道についても、どこかで正式に学んだわけでもありませんし、特定の師がいるわけでもありません。

ですから、「これが絶対!」「こうしなくてはいけない」というものはありません。「私が神社の神さまから、教えてもらったのは、こういう方法です」という、ひとつのサンプルを提示しているだけなので、「よい」と思ったものは取り入れて、「違う」「合わない」と思ったものは、無理して採用していただく必要はありません。

ただ、本書でまとめた「はづき式神社参拝法」を採用することによって、あなたはもっと神さまと仲良くなることができ、神さまから、もっと愛されるようになることは保証します。

そうやって神さまとの距離が近づくことで、浄化・覚醒・開運が促され、神前に立っただけで自然と涙がこぼれてくるような「感動の神社参り」ができるようになるのです。

いずれにしても、日本の神さまは実におおらかで、自由です。制限や制約はほとんどないので、それぞれに自分らしいやり方を採用すれば、それでいいと思います。

ただ、せっかく日本に生まれて、日本に住んでいるのですから、私たち日本人が神社を通じて、もっと神さまと、仲良くなるといいなと思っています。

神社参りの「参る」とは、「間入る」が語源、神さまの「間」に「入る」ことが、「お参り・参拝」するということ。神社参りをして、神さまの「間」に入れてもらい神さまとさらに仲良くなって、悪いことはひとつもありません。神さまと仲良くなって、神さまから愛されることは、「より自由に、より豊かに、より幸せに」自分らしく輝いて生きることにつながります。あれから二十数年以上かかって、私自身がそうなったように。

実際、神社のことを、こうして本に書かせていただいているのも、あのとき伊勢神宮・内宮の「荒祭宮」で味わった、あの感動体験をひとりでも多くの人に味わってもらいたいとの思いから……。それがあのとき聞こえた「声」が教えてくれた「本当の仕事」のひとつだとしたら、それは私にとって、本当にうれしく、とても有り難いことです。

同時に本書が、ひとりでも多くの人が神社をもっと知って、もっと好きになり、もっと神さまと仲良くなるきっかけになれば、著者としてこれ以上の喜びはありません。

はづき虹映　拝

ブックデザイン　ohmae-d
イラスト　南 夏希

第1章

神社参りに行く前に…

1

神社とは、生きながら「生まれ変わる」ための場のしくみ

「神社とは何か?」と問われたら、私は「生きながら『生まれ変わる』ための場のしくみ」だと答えるようにしています。

もちろん、人それぞれに神社のとらえ方は違っていいと思います。

「近所の公園、子どもの遊び場みたいなもの」「いつもの散歩コースの一部」「願い事をしにいく場所」「年に一度、初詣のときに行く場所」。なんでもかまいません。

日本の神さま、神社、神道は懐がとても深いので、「こうでなければならない」と

いう制限や制約がほとんどありません。「来るもの、拒まず。去るもの、追わず」で、誰に対しても門戸を大きく広げて、温かく迎え入れてくれます。

他の国の、他の宗教では、そんなことはまずありません。

厳しい決まりやルール、戒律や作法が決められており、信者しか入れない場所も多く、まして大事な宗教施設（神道で言えば、それが神社です）の中が、オールフリーで、フルオープンなんて、ありえないことでしょう。

伊勢神宮などの大きな神社に行くと、なぜか背筋がピンと伸び、清々しい気持ちになり、自分がちょっと「いい人」になったような気になりませんか？

まさに、これが神社の「生まれ変わり」効果です。本当は「生まれ変わる」というより、元に戻るという感じ。誰でも魂レベルでは、元々は「いい人」なのです。そのことを思い出させてくれる場所が神社なのです。ですから、日本に暮らしている限り、誰でも年一度ぐらいは生まれ変わりたくなるので、こぞって初詣に行くことになるのでしょう。

そういう不思議な魅力、人を惹きつける磁力をもった場所、それが神社です。神社には、「何か」があるわけではありません。神社にも、もちろん拝む対象として本殿などの建物はありますが、その中には基本、何もありません。

神社とは、何かを崇拝するために行くところではなく、その場に行くこと自体が目的なのです。その場所自体に意味があるというか、その場所の構造、しくみ、システムが実によく考えられていて、そこへ行って帰ってくるだけで、生きながら「生まれ変わる」ことができるように、設計されているのです。これは本当にすごいことで、他に類を見ない、日本独自、日本の神社ならでは……の特徴です。

この神社という場のしくみ、システムを理解していなくても、ちゃんと「生まれ変わり」効果は得られます。しかし、そのしくみをきちんと理解して、積極的に活用すれば、「生まれ変わり」効果は何倍、何十倍、何百倍にも拡大します。

「願いが叶う」とは、言い方を変えれば、今とは違う自分に生まれ変わることでしょう。神社に行けば、願いが叶い、生まれ変われることが潜在的にわかっているからこそ、誰もが神社に惹かれることになるのです。
あなたもこの日本独自の神社という場のしくみをもっと積極的に活用して、新しい自分に生まれ変わってみませんか?

愛され参拝法のワンポイント

神社は、行くこと自体が目的。行って帰ってくるだけで、誰でも「生まれ変わる」ことができる、日本独自の場のしくみ、それが神社です。

2

日本は無宗教の国ではなく「神道」の国

「日本は雑宗教の国だ」とか、「日本人は宗教心がない」などと言われます。

確かに世界の三大宗教と呼ばれる、キリスト教、イスラム教、仏教（ほか、信者数は仏教より多いが三大宗教には数えられないヒンドゥー教など）に帰依、入信している日本人の数は、ごくわずかでしょう。

結婚式は教会で、お葬式はお寺でし、クリスマスやハロウィンを祝い、お盆にはお墓参りをする日本人は、各宗教がゴチャ混ぜで、既存の宗教を信仰している人から見れば、確かに「宗教心がない」「無宗教だ」と指摘されるのも無理はありません。

しかし……。日本は「神道」の国なのです。

「神道」とは、「かんながらの道」のこと。「かんながら」とは、「神さまのいうとおり」ということ。「神さまのおおせのとおり、人生という道を歩きます」というのが、「神道」の教えです。「神道」の教えは、それだけです。いいえ、「教え」がないのが、「神道」です。だって、「神道」は「神教」ではありませんから。

「教え」があるのが、宗教です。「ああしなさい、こうしなさい」と教祖様、聖職者が教えてくれる。それはとても有り難いことですが、「教える」とは、「押し得る」が語源。教える側が教義を「押す」ことによって、信者から崇拝や敬意、お布施を「得る」という、ギブ&テイクの関係で成り立っているのが、宗教です。

これに対して「神道」は学ぶべき教義や経典、拝むべき偶像など、何もありません。「神道」は、文字どおり「神の道」。道とは、自分の足で歩くもの。「あなたが『神の道』だと思う道を、自分の足で歩きなさい」というのが、「神道」の基本スタンス。

だから、神社には何もありませんし、基本的にいつ、誰が来てもいい。入場料も徴収しないし、お布施を乞うこともない。何も教えないし、何も要求しない。すべて自己責任で、自分の考えでやってくださいというスタイルです。

「神道は」は、「あなたに全部、お任せします。あなたの思いどおりでいいですよ」と言っているわけですから、とても大人な考え方。こんな相手任せのスタンスで「神道」が……、「神道」を祀る神社が、現実的に経済的にも成り立っているというのですから、驚きです。

そりゃあ、他の宗教の「教え」に従って生きている人たちからすれば、アンビリーバブルなのも無理はないでしょう。

でも、それが現実的に成り立っている。それどころか、そのスタイルが世界で唯一、何千年も前から続いている。その事実になんとなくでも気づき、不思議な魅力を感じているからこそ、年々日本の神社を訪れる外国人観光客が増えているのでしょう。

しかし、残念ながら、そのおひざ元にいる私たち日本人が、「神道」の意味や価値に気づいていません。そういう教育も受けていないので、「神道」の心はなんとなく、空気感で伝わっているだけ。もちろん、それはそれですごいことなのですが、だからこそ私たち日本人が、もっと意識的に「神道」の心を受け入れ、神社のしくみをキチンと学べば、きっともっとすごいことになると、私は思うのですが、どうでしょう。

愛され参拝法のワンポイント

日本は「神道」の国。「神道」とは宗教を超えた、大人の人生哲学。「神道」の精神を現実に表している場所が神社であり、神社を知れば、「神道」がわかるのです。

3

日本が日本であるための三種の神器「日本列島」「日本語」「神道」

日本という国は、世界的に見ても、とても珍しい国です。

有史以来、最も長く続く皇室の歴史をもち、一度も外国から侵略・支配された歴史もなく、当時、世界最大の人口を抱える平和都市「江戸」を築き上げ、小さな島国が大国を相手に戦争で勝利したかと思えば、世界で唯一の被爆国になり、敗戦後は一気に世界有数の経済大国に上りつめるなど、注目度の高い不思議な国です。

その不思議な国・日本を日本たらしめているのが、「日本列島」「日本語」「神道」の3つだと、私は考えています。ひとつずつ、説明していると長くなってしまうので、ご興味のある方は、拙著『いちばん大事な日本の話』（IMAJIN・BOOKS刊）をお読みただければ幸いです。

カンタンに説明すると、まず「日本列島」。極東の小さな島国ですが、縦に長く、森林が多く、豊かな水に恵まれ、四季がはっきり分かれており、寒帯から熱帯まで、世界のほとんどの気候を網羅していると言われています。

そして特筆すべきは、そのカタチ。地図を見ると、一目瞭然。まさに日本列島は、「龍・ドラゴン」そのもの。世界中にパワースポットと呼ばれる場所はたくさんありますが、日本列島こそ、世界最大・最高のパワースポット＝「世界最強のドラゴンスポット」だと言われる所以です。

次に「日本語」。これも、とても珍しい特徴がたくさんある言葉です。

日本語は母音言語で、一音一音がはっきりと分かれており、個別の意味を有します。

これは日本とポリネシアの島国の一部にしかない、世界的にもとても珍しい言語の特徴です。また日本語は低音域を使う言語で、これは自然音と同じ音域。さらに日本人は日本語を左脳で処理するため、すべての音を表記できるという特徴もあります。それゆえ、雨の降る音、せみの鳴き声などの自然音を文字として表記できるのは、世界でも類のない、日本語の特徴のひとつです。

さらに日本語は口語では主語を省き、あいまいな表現も多く、「おかげさま」とか、「もったいない」とか、他の言語に訳せない表現も多々あります。これは日本語が、上（天）から降りてきた神の言葉であるからという説もあります。ですから、本来の日本語は縦書きで、すべてつながっているように書き、それを読めば、その言葉は自然と「歌」になり、神さまを称える「祝詞・祈り言葉」になると言われます。

この「日本列島」と「日本語」に、神社を象徴とする「神道」を加えることで、初めて日本は日本になる……、日本人になると言えるでしょう。

ですから、日本列島で暮らし、日本語を使って、神社にお参りに行くようになると、それで日本人のできあがり。逆に国籍が日本だったとしても、海外で暮らし、日本語以外の言葉を話し、神社に行かないようになると、もはや日本人とは言えません。

それぐらい、この「日本列島」「日本語」「神道」という３つは、密接に絡み合っており、どれかひとつ欠けても、日本も、日本人も成り立たなくなってしまうのです。

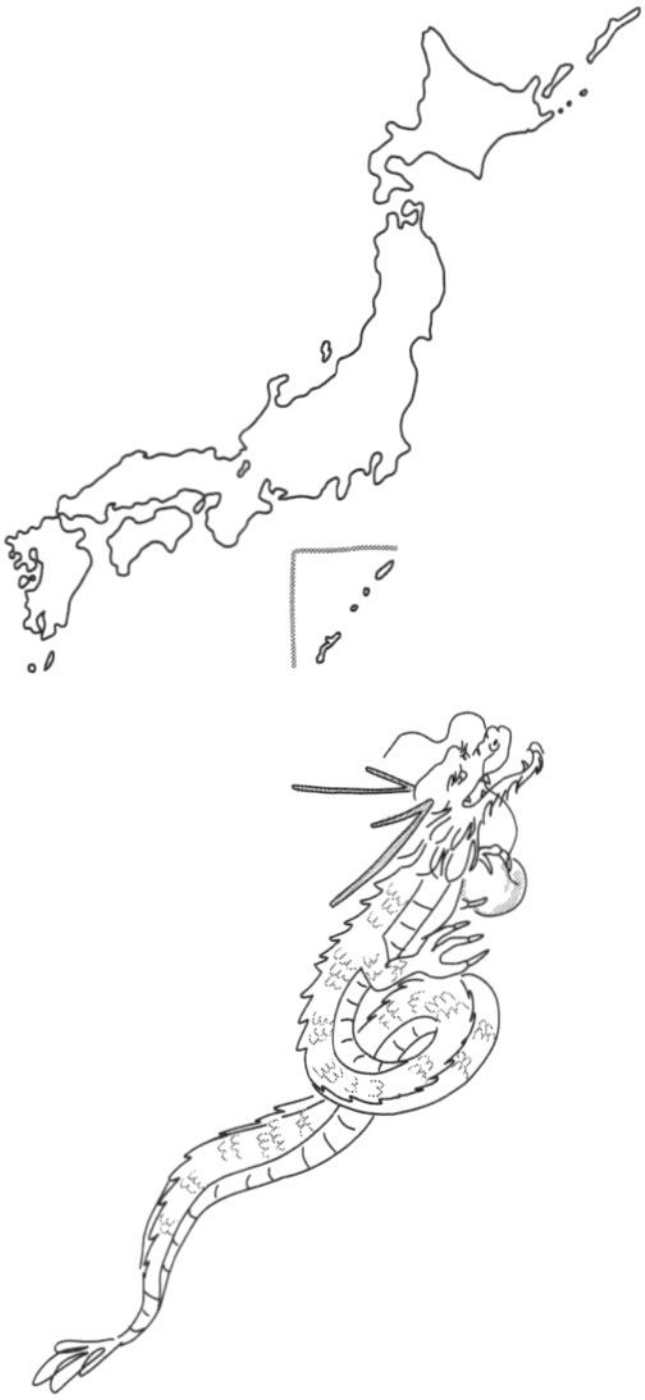

愛され参拝法のワンポイント

「日本列島」は、「龍」そのもの。「日本語」は、神さまから降ってきた「祈り言葉」。これに神社、「神道」を加えることで、日本が日本になる！日本人になれる！

4 すべての神社はネットワークでつながっている

「神社に行って、開運しよう！」と思うと、たいていの人は大きな神社、有名な神社を目指します。もちろん、伊勢神宮や出雲大社のような、超メジャーな神社は確かにご神気に溢れており、浄化、開運効果も高いのですが、ちょっと待って……。

たとえば、伊勢神宮は皇室の氏神である天照大御神をお祀りする、日本の神社界の頂点に位置するようなお社。年間1千万人近くの方が訪れるような、超人気スポットです。

もちろん、レジャーとして行くのならそれもかまいませんが、本気で開運したいのなら、いきなり伊勢神宮級の超メジャーな神社に行くのは、おすすめできません。

それはいわば、いきなりノーアポで、トヨタの社長さんに会いにいくようなもの。そんな偉い人に、どこの誰かもわからないような人がフラッと来て、「会わせてくれ」と言ったところで、会えるワケがありません。

神社にもちゃんと役割分担があり、格式や序列があるのです。もしあなたがトヨタの社長さんに会いたいのなら、それなりの準備と根回しが必要になるのは当然です。


すべての神社は、ネットワークでつながっているのです。

自宅に神棚もなく、普段、神社に行くこともない。家の近くの神社も、素通り。そんな状態で、伊勢神宮のようなトップ・オブ・神社にフラッと行ってみたところで、「アンタ、誰？」「聞いてませんけど……」となるのが、オチ。

あなたも本気で、トヨタの社長さんに会いたいと思ったら、まずはトヨタの車を買うでしょう。そのためには、まず近くのディーラーさんに行くでしょう。そこで営業マンや支店長と仲良くなって、それから各支店を統括するエリアマネージャーさんや部長さんを紹介してもらって、やっと社長さんとのアポ取りの話になるのではありませんか？

日本の神社のしくみは、基本的にはこれと全く同じ。

伊勢神宮のような超メジャーな神社に行って、そこで自分の願いを聞いてもらいたい……。神さまにお目にかかって、つながりたい……と本気で思うのなら、事前の準備と根回しは必須です。

そのためには、まず今住んでいる地域の鎮守神社を訪れること。ここが神社ネットワーク的には、あなたの住民票を登録している支所的な神社です。先ほどのトヨタの例で言えば、近くのディーラーさん、営業所に当たります。まず、その神社の神さまと仲良くなること。鎮守神社の神さまと顔見知りの関係になることから始めなければ、いつまで経っても、メジャーな神社の神さまと対面することはできません。

あなたのことをちゃんと認識し、「聞いていますよ。歓迎しますよ。どうぞ、こちら〜……」と言って、特別扱いしてもらわないと、年間何百万人も訪れるような人気の神社で、神さまとつながり、願い事を聞き届けてもらえるワケはないのです。

ここは、とっても大事なポイント。まずは神さまと仲良くなるためにも、身近な神社に足しげくお参りしましょう。

愛され参拝法のワンポイント

いきなり、超メジャーな神社を目指さない。今、住んでいる場所の近くにある鎮守神社の神さまと仲良くなることから始めるのが、開運の秘訣と知るべし。

5 神さまとつながりたければ、自らの「産土神社」を見つけて参拝すべし

メジャーな神社に行く前に、まず自宅近くの鎮守神社に行って仲良くなっておいたほうがいいのは、先述のとおり。それと同時にもうひとつ、チェックしておいて欲しいのが、「産土神社《うぶすな》」の存在。

「産土神社」は、その人が生まれた場所に応じて、振り分けられる戸籍担当のような神社。鎮守神社は住んでいる場所が変われば、それに応じて変わりますが、「産土神社」は基本的に生涯、変わることはありません。生まれてから死ぬまで、ずっとあなたのことを見守ってくれているのが、「産土神社」の神さまなのです。

ですから、神社に行って願いを叶えたい、開運したいと思うのなら、あなたの戸籍係であり、生涯にわたるパートナーでもある「産土神社」への参拝は欠かせません。

その「産土神社」の探し方ですが、これは少々やっかいです。基本的にはあなたを生んでくれたお母さんが妊娠中に、いちばん長く過ごした場所の近くの神社ということになります。女性はお産をする際、実家に帰省したりしますが、「産土神社」はお産をした場所の近くということではなく、あくまであなたの魂が、お母さんのお腹の中に入ったときの近くの神社ということになります。それは一般的に、妊娠3ヶ月〜6ヶ月ぐらいの期間だと言われます。その間に、あなたのお母さんがどこで暮らしていたかによって、「産土神社」は決まるのです。

したがって、その辺りの詳しいことは、お母さんに聞かないとわからないかもしれませんし、かりにその地域が特定されても、近くに複数の神社がある場合は、特定するのはなかなか難しいかも。もし行けるのなら、候補となるすべての神社を実際に廻ってみて、いちばんしっくりくる神社を選ぶという手もありますが、時間もないし、自信もないという方は、「産土神社リサーチ」という有料サービスを提供している個人や団体もあるので、それらを利用してみるのもいいと思います。

いずれにしても、「産土神社」が判明し、その神社の神さまとつながれるようになると、神さまとのつながりがずっと強くなります。「産土神社」の神さまが、あなたにとっての、いわゆる守護神になっている場合も多いですし、そこがあなたの魂の本籍地なのですから、あなたに関するあらゆるデータもそこ（「産土神社」）に集まっているのです。

ですから、「産土神社」の神さまとつながることができると、そこから神社のネットワークを通じてあなたに関する情報が流れていくので、全国どこの神社に行っても、「はい、聞いていますよ」という感じで歓迎されることになるのです。

「産土神社」にしても、鎮守神社にしても、神社の神さまと仲良くなるためには、定期的に通うことが大切。「こんにちは」という感じで、軽く挨拶をするだけでもいいのです。素通りせず、神域の中に入り、本殿の前で手を合わせ、神さまに「いつも、ありがとうございます」と感謝の思いを伝えるだけで十分仲良くなれるので、ぜひお試しアレ。

愛され参拝法のワンポイント

あなたの魂の戸籍係、生涯を通じて、守ってくれる存在が「産土神社」の神さま。その神さまとつながることが、開運の原点。ぜひ探して、見つけてご挨拶に伺うべし。

6 本気で開運したいなら「ひとり参拝」が超おすすめ！

神社に訪れる目的は、人それぞれ。ただ、あなたが本気で開運したい、生まれ変わりたい、願いを叶えたいと思うのなら、ひとりで参拝することをおすすめします。

もちろん、家族や友達と行ってはいけない……ということではありません。ただ、家族や友達とワイワイ楽しく行くのと、ひとりで参拝するのとでは、目的が違います。みんなで行くのは、レジャーです。ワイワイ楽しめば、それでいい。ある意味、それがご利益です。しかし、本気で開運したいと思うのなら、ひとりがいい。

なぜなら、ひとりひとり、神社に行く目的や願い事が違うから。

神さま側にしても、複数で一度に来られると、誰を優先すればいいのかわからなくなります。それぞれ、産土神社や鎮守神社とのつながりも違うでしょう。ちゃんとアポをとってきた人と、そうでない人が一緒にいては、神さま側にしても、対応に困ることになるでしょう。

また神社の中で、気に入る場所、感じる場所も、人それぞれ違います。歩く速度も、お参りの仕方も、寄り道する場所も、時間の使い方も、人それぞれ。

ところが、団体行動になると、どうしても他人に気を使わなくてはいけなくなります。わざわざ時間とお金を使って遠くの神社まで出かけたのに、肝心の神社参拝が他人に気を使って自分らしくできなかったとしたら、まさに本末転倒。それではなんのために、神社参りをしにいったか、わからなくなります。

さらにこれは後ほど詳しく解説しますが、神社参拝の真の目的は、「内なる神」と対話することにあるのです。あなたが、あなたの内側にいる「神」を見つけて、1対1で対話する。それを可能にするのが、神社という場のしくみなのです。

あなたが、あなたの内側の神と対話するのに、他の人は関係ありません。厳しい言い方に聞こえるかもしれませんが、あなたが自分の人生を真剣に変えたい……、変えよう……と思っているのなら、そこに他人の入る余地はないのです。たとえ、夫婦や親子であっても、他人は他人。あなたの人生を、あなたの代わりに生きることはできません。

もちろん、夫婦や恋人、親子や親友など、本当に気心知れた間柄で同じ目的をもって、神社参拝するのなら、いいのです。

しかし、それでも「ひとりで神社に行けない……」としたら、その程度の覚悟だということ。

それでは「生まれ変わる」こともできませんし、願いが叶うはずもありません。

あなたが本気で開運したいのなら、まずはひとりで参拝すること。

ひとりで参拝する場合は、十分時間の余裕をもっていきましょう。神社の神域の中を自分のペースで歩き、気になる場所で立ち止まり、ゆっくり時間を使うことです。

気になる場所があれば、もう一度戻ってみるのもいいですし、邪魔にならない場所で、瞑想するのもいいでしょう。同じ神社でも、時間が違えば見せてくれる表情も変わるでしょう。

そうした変化を感じることが、いちばん大事。あなたが、あなたの感性を大切にする。自分の感性を取り戻し、感じる力を磨くことこそ、「ひとり参拝」の醍醐味。

そのとき、あなたの元に神さまからの恩恵・ギフトが降り注ぐことになるのです。

愛され参拝法のワンポイント

神社は「内なる神」と対話するための場所。だから、本気で開運したいと思うのなら、自分の都合が優先できて、自分らしく時間が自由に使える「ひとり参拝」が超おすすめ。

第2章

さぁ、神さまに会いにいきましょう

7

まずは、「神社のしくみ」を理解することから始めましょう

神社は、「生きながら『生まれ変わる』ための場のしくみ」だと書きました。
では、それはどんなしくみになっているのかを、詳しく見ていきましょう。

私たちはみんな、お母さんのお腹の中から生まれてきました。つまり、「生まれ変わる」ということは、もう一度お母さんのお腹の中に入って、新たにこの世に生まれてくること。そう……、神社という場所は、お母さんのお腹の中、胎児のときにいた子宮のようなところだと思えばいいでしょう。

鳥居をくぐって、神社の本殿に至る道を「参道」と言いますが、それはまさにお産の道である「産道」に通じます。ということは、鳥居は生まれ出る場所に当たる、女性自身。女陰に当たります。その大事な場所をもう一度、生まれる前の精子に戻ったような気分でくぐって遡上します。その間に、玉砂利を踏みしめたり、大木から降り注ぐ「氣のシャワー」を浴びたりして、さまざまな浄化の試練？　をくぐり抜けます。お手水を使うのは、身を清めるため、もう一度「羊水」に浸かるようなものだと言えるでしょう。

そしてようやく、本殿にたどり着きます。「本殿＝子宮」ですね。だから、本殿までたどり着くと、なぜかホッとする。懐かしいような気分になるのは、そこが生まれる前にいたお母さんのお腹の中、子宮と同じような感じがするからかもしれません。

穢《けが》れのない清らかな状態に戻って、本殿に置かれている「鏡」と対面することで、「本当の自分」「内なる神」に気づき、ひとつになる。これはまさに精子と卵子が結合して、受胎する様子を表していると言えるでしょう。

そこで捧げる「祈り」は、生まれ変わって人生をどう生き直すのかを決めて、宣言することにつながります。そこで納めるお賽銭は、さしずめ「出産費用」というところでしょうか（笑）。

そして再び、参道を通って成長し、新たに生まれ変わった赤ちゃんとして、オギャーとこの世に生まれ出る。それが神社の基本構造、しくみだと知ることです。

鳥居のくぐり方や参道の歩き方、お手水やお賽銭の作法、祈り方についてはこれからさらに詳しく解説していきますが、この神社全体のしくみと、神社に置かれている各パーツの意味や関係性を理解して参拝するのと、そうでないのとでは、浄化、開運効果にも雲泥の差が出てしまうのは避けられません。

人は神社に行くたびに、何度でも生まれ変われます。生まれ変わることによって、違う自分になる。望む自分、違う自分になることで、願いが叶う。神さまに願いを叶えてもらうのではなく、自分が生まれ変わることによって、結果的に願いが叶う。

自分自身が「神」だということを思い出し、自分には願いを叶えるチカラがあると気づくことで、生まれ変わった自分のチカラで思いどおりの人生を切りひらいていく。これが、私たちが神社に惹かれるたったひとつの、本当の理由だと、私は思います。

愛され参拝法のワンポイント

人は生まれ変わるために、神社に行く。生まれ変わることで、願いが叶う。この神社のしくみを理解した上で参拝することが、浄化、覚醒、開運するための最高の秘訣。

8

鳥居は、あの世とこの世を分ける「結界」であり、聖域への「玄関」です

さて神社と言えば、鳥居です。鳥居はまさに、神社のシンボル。

しかしながら、その役割をきちんと知る人は、多くありません。

鳥居は、いわゆる俗世間である「この世」と、神域である「あの世」とを分ける「結界」の役割を担っており、まさに異次元とつながる「門・扉・シールド」であり、神社という聖域に至るための「玄関」「顔」だと言えます。

鳥居をくぐれば、そこはもう異次元、神域、神の領域。そう考えると、なんとなく、

プラッとくぐることはできないはず。必要以上に緊張したり、かしこまる必要もありませんが、鳥居の前ではやはりひと呼吸おいて、襟を正し、身だしなみも整えて、帽子やサングラスは外し、軽く一礼してからくぐることをおすすめします。

鳥居は神さまの領域に入るための「玄関」なのですから、その玄関に、何も言わずズカズカ入り込むのは、やはり不作法。あなたも他人の家を訪れる際、玄関前では身だしなみを整えてから呼び鈴やチャイムを鳴らして、相手が出たら名を名乗り、許可が出てから玄関をくぐるはず。これと全く同じことが、神社の鳥居をくぐる際も求められると知ることです。

ただ神社の場合、呼び鈴もなければ、神さまが「どうぞ……」と言って招き入れてくれるわけでもありません。なので、その辺りは省略してもかまいませんが、帽子やサングラスはとって、「お邪魔させていただきます」という気持ちでニッコリ笑顔。そのあと「失礼します」と挨拶し、一礼してから鳥居をくぐりましょう。

このひと手間が、神さまに愛されるコツ。自分の領域には敬意を表してくれたほうが、誰でも気持ちよいもの。それは、神さまでも同じです。

さらに、機会があればぜひ鳥居の真下に立って、鳥居の外と内の両側に手を伸ばしてみてください。その左右の手で感じられる空気感の違いにびっくりするはず。鳥居の外である「この世」側は、なんとなく生暖かくて、どんよりした感じ。一方、鳥居の内側である神域、「あの世」側の空気は、清々しくスッキリ感じられるでしょう。

もちろん、この感覚は個人差があるでしょうし、神社によっても違います。また鳥居の大きさなどによっても感じ方は変わりますが、しっかりと整備された神社ほど、鳥居の内と外では、空気がガラッと変わります。言い換えれば、その差が大きければ大きいほど、神域内が整っている証拠であり、神社の格も高いと言えるでしょう。

また神社に参拝する時間のないとき、神社の前を通り過ぎるときでも、鳥居の前で一旦立ち止まり、軽く一礼することをおすすめします。

これは「いつもちゃんと、あなた（＝神社の神さま）のことを見ていますよ。いつも感謝し、大切に思っていますよ」という気持ちを行動で表しているのと同じこと。

そうすることで、神社に参拝するのと同じような効果が得られ、神さまにあなたのことをよりはっきりと覚えてもらえるようになり、神さまとのつながりも、より太くなります。

愛され参拝法のワンポイント

鳥居は、聖域への「玄関」と思うべし。挨拶ナシの素通りは厳禁。ニッコリ笑顔で「失礼します」と挨拶し、一礼してからくぐるべし。

9

鳥居をくぐる最初の一歩。初めての神社は「右足」から！

神社のシンボルであり、あの世へと続く神域、聖域の玄関とも言える鳥居ですが、なぜ鳥居と呼ぶのか？　どうしてあの形になったのか？　なぜ、朱色に塗られているものと、白木のものがあるのかなど、はっきりしたことはわかっていません。

一説には、「トリイ」という発音は、ヘブライ語で「門」を意味し、古代イスラエルの神殿は、現在の日本の神社とそっくりの構造をしているところから、古代ユダヤの民が日本に渡来した際、この風習を持ち込んだのでは……とされています。

もともと鳥居は「神聖なもの」として白木が主流。20年に一度、かけかえられている伊勢神宮・内宮の宇治橋にある鳥居は、見事な白木で有名です。

ただ、神仏習合の時代には、お寺でも鳥居が建てられ、さらに朱色は仏教で魔除けの色であったため、朱色の鳥居が生まれたという説も。今でも朱色の鳥居があるのは、神仏習合の名残だと考えられているようです。

あの世とこの世を分ける結界の役割を担う鳥居の前では、身だしなみを整えて、一礼してからくぐるのは、先述のとおり。

そのとき、どちらの足から踏み出すか、意識したことはありますか？

もちろん、「こうでなければいけない」というものはありませんが、初めて訪れる神社の場合は、右足から……と覚えておくとよいでしょう。

身体の右半分は、男性的なエネルギーを象徴します。力強い「火」のエネルギーで、「出す」エネルギーです。「最初の一歩」と言われたとき、ほぼ無意識ですが、多く人は右足から踏み出すもの。それは右足が、「出す」エネルギーを象徴することが、潜在的にわかっている証拠です。

鳥居をくぐって、この世から、あの世への初めの一歩を踏み出すと考えれば、やはりどちらの足でもいいというわけにはいきません。神聖な気持ちで、気合を入れてあの世への玄関である鳥居をくぐり、初めの一歩を力強く踏み出すなら、やはり右足から……となるのは当然でしょう。

「ここに私の足跡を残す」というつもりで、力強く右足から最初の一歩を踏み出してみましょう。それだけで、奥に鎮まっている神さまに、あなたが訪問したことが伝わります。

ちなみに神社を出る際に鳥居をくぐるときは、左足から静かに出たほうが、神社の中でいただいた神さまのエネルギーが消えずに残りやすいので、おすすめです。もちろん、鳥居をくぐったあとはクルッと振り返り、本殿のほうに向かって、「ありがとうございました」と一礼することも忘れずに。

こんな些細なことを少し気をつけるだけで、神社の神さまの覚えがよくなり、神さまとよりつながりやすくなります。

愛され参拝法のワンポイント

初めての神社で鳥居をくぐる際は少し意識して、右足から一歩を踏み出し、強く踏みしめてみるべし。それであなたが来たことが、神社の神さまに伝わります。

10

参道は「産道」。「精子」で遡上し、「赤ちゃん」として生まれ出る

先述のとおり、神社とは、「生きながら『生まれ変わる』ための場のしくみ」です。それをわかりやすいカタチで表しているのが、鳥居から続く参道です。

参道とは、「産道」。お産の道。赤ちゃんがこの世に生まれてくるときに必ず通る、初めての道。神社の参道は、この「お産の道」を表したもの。

生きながら、もう一度、生まれる前の「精子」に戻ったような気持ちで、「お産の道」＝「参道」を逆流、遡上し、本殿で「内なる神」と合一し、新たに生まれ変わっ

た姿で、「お産の道」＝「参道」を通って、この世にもう一度、「赤ちゃん」として生まれ出る。それが神社に設けられた「参道」の意味であり、役割です。

今では利便性を追求するため、大きな神社では本殿のすぐ脇に駐車場をつくり、参道を通らず、直接、本殿でお参りできるようにしているところもありますが、神社という「場のしくみ」の意味や目的を考えると、これは大変もったいない参拝方法になってしまいます。

本来はいちばん手前の一の鳥居から、徒歩で参道を歩くのが望ましい。「お産の道」である「参道」は、自分の足で歩かないと意味がありません。赤ちゃんがこの世に生まれ出るときは、たったひとりでその「お産の道」を通って、自力で出てくるのです。それと同じことを体験しようとするのに、参道を歩くのが面倒くさいとか、大変だからという理由で、車などを使って、参道をショートカットしようとするのは、神社本来の生まれ変わり効果を半減させることにもなるので、よくよく注意が必要です。

もちろん、身体のことなど物理的な問題を抱えているときはこの限りではありませんが、どの神社を参拝する場合でも、基本的にできるだけゆっくり参道を歩いて参拝することをおすすめします。

実際、大きな神社ほど、参道は長いことが多いもの。その長い参道の道のりを自分の足で歩くことこそ、生きながら「産みの苦しみ」「生まれ変わる苦労」を再体験することにつながる大事なセレモニーであり、そこに神社に参拝する意味や目的もあるということを覚えておいてください。

大きな神社の参道には、食事処や土産物屋が軒を連ねて、賑わっているところも多いでしょう。そこを散策したり、食べ歩きを楽しんだりしてお金を使うのは、神さまにお賽銭を納めるのと同じぐらいの開運効果があるので、おすすめなのですが、注意して欲しいことがひとつだけ……。

それは鳥居を出たところにある参道のお店でお金を使うのは、参拝後のほうがベター。参拝する前は、生まれる前の「精子」のような真っ白の状態。その状態で飲み食いしてしまっては、せっかくのピュアな状態が台無しになることも。
一方、参拝後なら、もう一度、人として生まれ変わったあとですから、人間としての楽しみを存分に味わうことも、また良しとなるからです。

愛され参拝法のワンポイント

参道は「産道」。もう一度、生まれ変わるための道。自分の足で歩かないと、神社に参拝する意味や効果が半減するので、参道のショートカットはできるだけ慎むべし。

11

神さまに歓迎して迎え入れられ、参拝後、気持ちよく送り出してもらいたいのなら「参道」は右側通行

神社の「参道」を歩くときは、右？　左？

どちら側を歩くか、あなたは意識したことはありますか？

神社の「参道」の真ん中は、「正中《せいちゅう》」と呼ばれ、神さまの通り道として空けておくべきという話をあなたも聞いたことがあるでしょう。「正中」とは、本殿の中央に置かれたご神体から真っすぐ続く光のラインのこと。そこを神さまの通り道として空けておくことは、神さまに敬意を払うことにつながります。神職や巫女さんなども、神

社内では、この「正中」を横切る際は一旦立ち止まり、本殿のほうに向かって、軽く一礼しているので、それに習うほうが無難でしょう。

ただ、実際に神さまが実際に「参道」を歩いて参拝するわけではないので、それもあまり神経質に考える必要はありません。右端でも、左端でも、真ん中でも、基本的に「参道」は、好きなように歩けばいいと私は思います。


その上で、エネルギー的に見た、開運ワンポイントアドバイスを……。

「エネルギーは左で受け取り、右で出す」というのが、エネルギーの基本法則。

人間の身体で言えば、左手でエネルギーを受け取り、右手でエネルギーを出すということになります。実際、仏像などの形を見ると、どれもみな左手は空に向かって開き、受け取る形になっており、右手は正面を向いて、エネルギーを出す形になっています。

これと同じことが、神社でも言えます。神社の本殿に神さま、ご神体が鳥居のほうを向いて鎮まっていると仮定すると、本殿に向かって右側が受け取るエネルギー。同じく左側が送り出すエネルギーということになります。
このエネルギーの流れ、しくみがわかっていると、自ずと「参道」はどちらの端を歩けばよいのかもわかるでしょう。
神さまの左手側、つまり本殿に向かって、「参道」の右側を歩くことで、本殿にいる神さまの左側、「受け取るエネルギー」の流れにのって、よりスムーズに神さまに近づくことができ、受け入れられやすくなるということ。

本殿で参拝したあとは反転するので、今度は神さまの右手側、つまり鳥居のほうにむかって「参道」の右側を歩くことで、神さまから放出される「送り出すエネルギー」の流れにのることになるので、おすすめです。これは、ご神気という名の神さまからの追い風を背中に受ける形になり、神さまの後押しを受けて、物事がより早く、よりスムーズに成就する効果も期待できると言えるでしょう。

ただ、「参道」が混みあっている場合や、神社で参拝路を指定している場合は、素直にその流れに従うこと。自分だけは……という特別意識で行動すると、神さまから嫌われることになるので、要注意です。

愛され参拝法のワンポイント

神社の「参道」は基本、行きも帰りも、「右側通行」と覚えておくべし。ただし、人の流れを妨げないよう、独りよがりな行為は、慎むこと。

12

「木（＝氣）」のシャワーを浴び、「砂利（＝邪離）」の音霊で「穢れ（＝気枯れ）」を払う

神社の参道に敷き詰められている砂利。歩きにくいな～と思ったことはありませんか？　もちろん、これも「たまたま」ではありません。ちゃんと意図や目的があって、砂利が敷き詰められているのです。

参道に敷かれている砂利は、「玉砂利」と言います。「玉」は「御霊《みたま》」に通じ、さらに「珠」は「美しい宝石」という意味もあります。参道に敷かれた玉砂利には、「神さまにつながる参道を、『御霊』のこもった美しいもので埋め尽くす」という意図が隠れていると言われています。

しかし、参道に玉砂利が敷かれている理由は、それだけではありません。「砂利」＝「邪離」。参道に砂利が敷かれているのは、砂利を踏みしめるときの「音霊」が、「邪（気）を離す」効果があるため。砂利を踏んで歩くときのザクザクという音は、リラックス効果のあるα波の脳波を引き出すと言われ、その音のチカラを活用して、日常で溜まった穢れを払うために、ワザと玉砂利が敷いてあるのです。

玉砂利と同じく、神社の参道には必ず大きな木が植えられています。

神社の参道に植えられているのは松や杉の針葉樹が多いのにも、もちろん「たまたま」ではなくちゃんと理由があるのです。

「葉」は、「発する」エネルギーの象徴。樹木の葉っぱは、人間で言えば、手のようなもの。人の手からは、常にエネルギーが出ているように、樹木の葉からも常にエネルギーが出ています。そのエネルギーの性質は、葉っぱの形によって変わります。

たとえば、大きく広がった広葉樹の葉っぱは、ゆったりリラックスするエネルギーを発します。南国の植物に広葉樹が多いのは、そういうわけ。

これに対して、先の尖った針葉樹の葉から発せられるエネルギーはやはり真っすぐ力強く、浄化作用が高いと言われます。

つまり、参道の両脇に大木が植えられているのは、その木から降り注ぐ「木」＝「氣」のシャワーを浴びて、自らに憑いた「邪気」や「穢れ」を払い、清めるため。その浄化効果を高めるために、参道にはわざわざ葉っぱの尖った針葉樹が多く植えられているのです。ですから、参道の木の下を歩かないのは、穢れた状態のまま神さまに会いにいくようなもの。それでは神さまに愛されることはありません。

こうした神社のしくみを知っていると、参道の真ん中に敷かれている石畳などを歩いて参拝するのは、とても損な参拝方法になるとわかるはず。

参道の真ん中を通るということは、「神さまの通り道をふさぐ」ことになるだけでなく、玉砂利を踏みしめて歩くことで得られる「邪を離す」ための音霊効果も、針葉樹の大木の葉から発せられる「木」＝「氣」のシャワーを浴びることで期待できる祓い清め効果も受けられなくなる、大変もったいない参拝方法だと覚えておきましょう。

愛され参拝法のワンポイント

参道の玉砂利を踏みしめて歩く「音霊」は、「邪」を「離す」効果あり。参道の端を歩き、木（＝氣）のシャワーを浴びることで、日頃の穢れが払い清められると知るべし。

13

「お手水」は、「沐浴」の代わり。羊水や産湯に浸かるようなもの

参道を歩き、本殿が近づいてくると、「お手水舎」があります。

いよいよ、この「お手水舎」から先が神社の「聖域中の聖域」。鳥居をくぐって参道を歩いてきたのも、ここに至るまでの準備段階です。

その昔、大きな神社の近くには、必ず大きな川や海がありました。昔の人々は、こうした川や海に入って身を清めてから、神さまと対面していたのです。

水の力を使って、身を清めることを「禊《みそぎ》」と言います。

「禊」＝「身・削ぎ」です。

日常の中で身体に憑いてしまった不要なもの、不浄なもの、汚れ、邪気などを削ぎ

落とすことが、まさしく「禊」＝「身・削ぎ」です。そのために、浄化作用の強い塩水の海に浸かったり、流れのある川に入り、身を清めていたのです。

しかし、さすがに神社に参拝する度に毎度、毎度、海や川に入るのは、正直大変。この「禊ぎ」の儀式を、なんとかもっと簡略化できないものかと考えられたのが、お手水舎であり、「お手水の作法」です。


ですから当然、お手水舎は、水を飲むための休憩所ではありません。本来は神前に立つ前に、全身を清めるために裸になって、海や川に入るべきところを簡略化して、口をゆすぎ、手を洗うだけで良しとしたのが、「お手水の作法」なのです。

ですから、「ひしゃくで水をすくい、まず左手を洗い、次に右手を洗い、左手で水を受け、口をゆすぎ、ひしゃくを洗って、元に戻す」という、お手水の一連の作法も、その意味と目的を考えれば、難しいことは何もありません。

大事なことは、その作法や手順にとらわれることなく、意味を知ること。

それが理解できていれば、ひしゃくから直接水を飲むとか、お手水舎の周りで悪ふざけをするという事態には、決してならないはずです。

またお手水を使ったあとは、ハンカチなどできちんと口と手を拭くのも忘れずに。せっかく身を清めたのに、びしょ濡れのまま神前に向かうのは失礼ですし、濡れた手をパラパラ振るのは、周りの方にも迷惑なので要注意です。


神さまと対面する前に、全身を水で清め、穢れを除くという清浄儀礼のことを、「沐浴」と言います。そう……、お手水の作法とは、まさに「沐浴」の簡易版。

神社という生まれ変わりのシステムの中で、お手水は赤ちゃんとして生まれてくる前にもう一度、お母さんのお腹の中の「羊水」に浸かるようなもの。あるいは、生まれたての赤ちゃんが、初めて「産湯」に浸かるようなもの。

いずれにしても、本殿で神さまと対峙する前に、全身の穢れを払い清めるための最終関門、最終仕上げの場がお手水舎であり、神社参拝における非常に重要で神聖な儀式のひとつが、「お手水の作法」だと覚えておきましょう。

愛され参拝法のワンポイント

「お手水の作法」は、全身を水で清める「沐浴」の簡易版。お手水舎の先が、聖域中の聖域。そこに入る前の最終関門だと心得て、神聖な気持ちで臨むべし。

第3章

いよいよ、神さまとの対面です

14

神社にあるのは「鏡（カガミ）」。「我（＝ガ）」のとれた「私」こそ、「神（＝カミ）」そのもの

さぁ、鳥居をくぐり、参道を歩き、お手水を使って、やっと本殿の前までたどり着きました。ここまでの道のりはすべて、自らの身に憑いた穢れを払い、禊をし、祓い清めるためのプロセスでした。そうやって、やっと神さまと対面することができるようになるのです。

……で、神社の神さまはどこにいらっしゃるか、ご存じですか？

神道は、偶像崇拝ではありません。神さまにお名前はあっても、そのお姿は見えません。他の宗教のように、実在したであろう人が神さまになっていることもあります

が、基本的には拝むべき対象となる偶像も、経典も、シンボルもありません。

では、ここまで苦労してたどり着いた、神社の本殿には何があるのでしょうか？


それはズバリ！　鏡です。

そう……、神社の本殿に置かれているのは基本、鏡だけ。何もない空間の真ン中に、鏡が置かれている。それが日本の神社の基本スタイルです。

神社の本殿に鏡が置かれているということは、何を意味するのか？

鏡とは、自分を見るためのもの。神社の本殿であなたが手を合わせて祈るとき、その先にあるものが鏡だとしたら、その鏡に映っているのは誰でしょう。

そう……、あなた自身ですよね。このことがまさに、日本の神道の考え方、神社というしくみを如実に物語っていると言えるでしょう。


「鏡《カガミ》」から、「我《ガ》」をとると、「神《カミ》」になります。

これは「身に憑いた穢れを禊ぎ払って、自我が清められた自分自身こそ、神そのものである」ということです。私たちは、神さまに願いを叶えてもらおうと参拝しているのですが、その神とは、なんと自分自身だったというわけ。

つまり、神社の本殿に鏡が置かれている理由とは、エゴにまみれた「我《ガ》」がとれた私こそ、神そのものであると思い出してもらうため。まさに神社とは、誰の中にもちゃんとある「内なる神」の存在を思い出させてくれる場所であり、さらにその「内なる神」との対話を促すための「場のしくみ」だと言えるでしょう（鏡がない神社や拝殿の奥に本殿がない神社もありますが、しくみは同じです）。

この神社のしくみを理解することが、大切です。

このしくみがわかると、神社ですべきことも、自ずとはっきりするはずです。本殿に神さまがいると思っているから、願い事をすることになるのですが、実はその神さまとは、鏡に映っている自分自身だったというカラクリです。

そうなると、自分で自分に願い事をしても仕方ないのは、誰でもわかるはず。こちら側から願い事をしても、鏡の向こうにいるもうひとりの自分、「内なる神」から

「その願い、自分で叶えなさい」と言われるのがオチ。これが神社で願い事をしても叶わない……、叶いにくい、明快な理由です。

愛され参拝法のワンポイント

どこか遠くにいる、絶対的な存在が神ではない。あなたが「内なる神」に気づき、「内なる神」と対話するため、神社の本殿には「鏡」が置かれているのです。

15

神社でするのは「感謝」と「宣言」

神社の本殿に置かれているのは基本、鏡だけ。

さぁ、ではその前で、あなたがすべきことはなんでしょう。

本殿の奥にある鏡に映っているのは当然、他ならぬ自分自身です。

鏡に映っている自分に向かって、「合格させてください」とか、「良縁に恵まれますように」とか、「お金持ちになれますように」とお願いしたとして、その願いは聞き入れられるものでしょうか。鏡に映っている自分に向かって、「お願いします！」と拝んでみても、鏡の向こう側にいるもうひとりの自分も、あなたと同じようにあなたに向かって「お願いします！」と拝んでいるのです。鏡の中と外で同じように相手に期待したところで、その願いが叶わないのはきっと誰でもわかるでしょう。

神社は、願い事を叶えてもらうために行く場所ではありません。

神社の神さまは、あなたの願いを叶えてくれる魔法使いでも、ドラえもんでもありません。神社の神さまとは、邪気や穢れがなくなった、あなた自身なのです。あなたの中にある「内なる神」の一部分を思い出し、映し出すための場所が神社なのです。

ですから、神社で願い事をしても基本、叶いません。「神頼み」は、「自分頼み」なのです。自分で努力する、がんばる、一生懸命やることが大前提。できることはすべて、やるだけやって、その上で自力ではどうにもならない部分の「目に見えない力」のサポートを得るために訪れるのが、神社です。

そこでするのは、「感謝」と「宣言」。

「こうして生かされていることに感謝します。ありがとうございます」

「今日ここに、こうして参拝させていただけたことに、心から感謝します」

これが神社で、いちばんにすべき「感謝」です。

はっきり言って、神社に行く目的は、この「感謝」を伝えることなのです。

神社の神さまに……、鏡に映った「内なる神」に直接、「感謝の想い」を伝えられれば十分です。

そのあとのオマケとして、自分のこともちょっぴり……（笑）。


それもするのは「願い事」ではなく、「宣言」です。

本殿の鏡の前で、自分自身に対して「誓い」を立てるのです。

「私は、○○します！」と、未来に向かって、自分がすべきことに対する「誓い」を立て、その「誓い」を声に出して高らかに「宣言」すること。それが、「感謝」の他に神前ですべき唯一のこと。自らの決意と覚悟を確かめるために、わざわざ時間とお金をかけて、私たちは神社に出向くのです。


「感謝」と「宣言」のそのあとで、最後にやっと、「後押しをお願いします」と神さまの応援やサポートをそっと祈るのです。神さまに愛され、応援されるには、この順番と力加減が、とても重要です。

愛され参拝法のワンポイント

神社は願い事をしに行くところではありません。神前ですべきは、まず「感謝」。次に自分の決意を「宣言」し、最後に神さまからの「応援・後押し」を謙虚に要請すべし。

16

お賽銭は、自らの「宣言」に対する「覚悟料」

神社の本殿には鏡が置かれており、そこですべきは、「感謝」と「宣言」だということがわかると、神社の参拝方法も大きく変わってくることでしょう。

今までは、神さまに願い事を聞いてもらうための「お願い料」「口利き料」的だったお賽銭も、その意味合いがガラッと変わるのも当然です。

神社は願い事をする場所ではありません。

神社は、「内なる神」に気づき、「内なる神」と対面・対峙するための場所です。

当然、そこで差し出すお賽銭は、神さまに働いてもらうための「報酬・対価・代金」ではありません。もし仮に神さまに願い事を叶えてもらうための「報酬・対価・代金」だとしても、「合格、就職、良縁、結婚、子宝、健康、長寿」など、人生を左右するような願い事に対して、小銭を入れたぐらいでそれらの願いを叶えてもらおうとするのは、どう考えてもワリに合わない。あまりにも安過ぎる……、虫がよ過ぎると思いませんか？

お賽銭は、ものと交換したり、サービスを受けるための対価ではありません。代償を求めないという点では寄付に近いものですが、自分がもっているお金を誰かと分かち合うという目的で、差し出すものでもありません。

本殿の鏡に映っているのは自分自身なのですから、お賽銭はその「内なる自分」との約束を忘れないための「約束手形」のようなもの。結局、それは未来の自分に払っているのと同じこと。それを「もったいない」とか「惜しい」と思うのは、「内なる自分」を……、「未来の自分」を信じていないということに他なりません。

お賽銭の本当の意味合いは、自らが神前で誓う「宣言」に対する「覚悟料」です。

たとえば、「私はこれから一生懸命勉強して、○○大学に合格します！」というのが「宣言」です。その「宣言」に対する本気度を表すのが「覚悟料」。

もちろん、覚悟の強さ、真剣度の度合いは人それぞれ。本来、それをお金で表すことはできませんが、10円より100円。100円より千円、千円より1万円のほうが、「覚悟」の度合いがより強くなるのは誰でもわかるでしょう。

お賽銭の金額が多ければよいというものではありませんが、「合格、就職、良縁、結婚、子宝、健康、長寿」など、人生を左右する一大事を前にしたときの「覚悟料」が、10円や100円程度の小銭では、その程度の覚悟しかないと指摘されても仕方ありません。

「私はこれから一生懸命勉強して、○○大学に必ず合格します！　ですから、私の『内なる神』よ、私を取り巻く大自然の神々よ、八百万の神々よ、どうか私に力をお貸しください。精一杯がんばりますので、応援よろしくお願いいたします！」という、自らの決意と覚悟を表すために、神聖な気持ちで神前にお供えするもの。

それが、本来のお賽銭の意味なのです。

愛され参拝法のワンポイント

お賽銭は、自分で自分の願いを叶えるための決意表明に伴う「覚悟料」。
お賽銭の金額に、あなたの覚悟の度合いが表れていると知るべし。

17

お賽銭を投げてはいけません！

鳥居をくぐり、長い参道を歩き、日頃の穢れを払い、お手水を使って心と身体を清めて、やっと本殿までたどり着いたのに、多くの人はお賽銭箱の前まで行きながら、小銭をポーンと放り投げています。なかには、お相撲さんが塩をまくように、小銭を勢いよく高く放り投げて、ばらまくように入れている人も見かけます。

これ……、本当に残念な参拝の見本です。

お賽銭をこんなふうに扱っている限り、神さまから愛されたり、応援されることもありませんし、ましてやお金からも愛されることはないと断言できます。

お賽銭箱の前には、「浄財」と書かれています。これは「あなたのもっているお金、財産、金運、財運を浄化してあげますよ」という意味です。

多くの人は神さまに向かって、「（私が）お賽銭をあげている」と思っていますが、それは上から目線の大きな勘違い。自分に憑いている不浄な財運を浄化してもらうために、お賽銭という形で、「お金を納めさせていただいている」のです。

実際、神さまにお金は必要ありませんから……。

お金を必要としているのは、神社で働いている方々。神社を維持管理するための費用として、現実的にお金は必要です。神社の神域をいつもきれいに整えてくださっている方がいるからこそ、気持ちよく参拝できるのです。

しかし、神社に入場料のシステムはありません。

ですから、お賽銭は三次元的に考えると、神社を維持管理してくださっている方への感謝の気持ちを表した寄付であり、神社の神域へ入れてもらうための「入場料」の代わりだと言えるでしょう。

と同時に、目に見えない世界的に考えると、お賽銭は自分の決意を表すための「覚悟料」であり、自分がもっているお金に憑いた穢れたエネルギーを浄化してもらうための「クリーニング代」だと言えるかもしれません。

いずれにしても、神前で対面しているのはあなた自身。あなた自身の「内なる神」です。本殿の鏡の向こう側に、自分がいると想像してみてください。そんな神聖な自分の前で、小銭をばらまき、自分にとって都合の良い願い事だけをする「私」を見て、「内なる神」である「本当の私」はどう思うでしょうか？

あなたは目上の人に何か頼み事があるとき、小銭を裸のままもっていって、その小銭を相手の前にポンと放り投げて頼み事をするでしょうか？　そんな相手を見下したような態度で、願い事をする人の頼みを快く聞けると思いますか？

あなたがお金をどう扱うかによって、お金からあなたがどう扱われるかが決まるのです。本殿の鏡の前でのお賽銭の扱い方によって、それがそっくりそのまま鏡に映し出されるように、お金の神さまからのあなた自身の扱い方になるのです。

このしくみに気づけば、神前でお賽銭を放り投げることなど決してできないと、私は思うのですが如何でしょうか？

愛され参拝法のワンポイント

お金を投げると、あなたがお金から投げ捨てられることになるだけ。お賽銭は「あげる」ものではなく、「納めさせていただく」もの。投げ入れるのは厳禁です。

18

お賽銭はポチ袋に入れて、すべらせるように入れること

「お賽銭を投げてはいけない」とすれば、どう扱えばよいのでしょうか？

お賽銭は「あげる」のではなく、「納めさせていただく」ものですから、その気持ちが表れるよう、丁寧に扱うこと。

あなたが大切な人のお家にご挨拶に伺うとき、或いはお願い事をしにいくと想像してみてください。もちろん、手ぶらでは行きませんよね。少なくとも手土産のひとつぐらいは持参するでしょう。そのお土産がモノではなくお金だった場合、どうするでしょう？


まさかお金を裸のまま、持っていく人はいないと思います。封筒や祝儀袋に入れて、

風呂敷や袱紗《ふくさ》に包んで、持参するのではありませんか？　さらにそのお金を相手に渡す際も、決して放り投げたりはせず、うやうやしく差し出すのではないでしょうか。

神社におけるお賽銭の扱いにも、それと同じことが、適応されると思っておけば、まず間違いありません。

お賽銭は、神さまに「納めさせていただく」お供え物の一種ですから、本来お金を裸のまま放り投げることは在り得ません。封筒か、祝儀袋、或いはお年玉を入れるときに使うポチ袋に入れて用意しましょう。

そうなると、袋に入れるお賽銭は硬貨ではなく、お札になるのも必然でしょう。豪華な祝儀袋やポチ袋を用意しても、中身が１００円玉１枚では、つり合いがとれません。お賽銭を袋に入れて納めるのなら、最低でも千円以上になるのは当然です。

その場合、できれば新札を用意すること。新札は「穢れのない、まっさらのエネルギー」の象徴なので、お賽銭にはピッタリ。そして、お金を入れる袋の上書きは、「神恩感謝」と記し、その下か裏側には自分の住所、氏名を記しておきます。

ここまでが、お賽銭の準備段階。そうやって、予め準備しておいた袋入りのお賽銭をもって、神社参拝に出かけます。

神社の本殿までたどり着いたら、一礼してから、用意しておいた袋入りのお賽銭を取り出し、お賽銭箱の傾斜に沿ってすべらせるようにそっと入れます。直接、落として入れるような形状のお賽銭箱であっても、できるだけ手を伸ばして、そっと置くように入れることが望ましい。

とにかく「納めさせていただく」のですから、できるだけ丁寧に、心を込めてお賽銭を扱うことが大切です。最初は少し面倒に感じるかもしれませんが、「ここぞ！」というときだけでも、このスタイルを採用することをおすすめします。

もちろん、神社参拝の度に毎回、袋に入れてお札のお賽銭を用意しなければならないワケではありません。ただ、できればお賽銭は１００円以上で……。その場合でも、決してお金は投げずに、すべらせるように入れること。これだけで、あなたの金運は確実にアップします。

愛され参拝法のワンポイント

お賽銭は新札を用意し、ポチ袋などに入れて、「神恩感謝」の上書きと自分の住所、氏名を書いておくこと。そしてお賽銭箱には、すべらせるようにそっと入れるべし。

19

お賽銭の金運効果がハネ上がる「百万円札」のつくり方

慣れないと、お賽銭に千円札を入れるのは、かなり勇気が必要になることでしょう。
その心理的なハードルを超えるための、とっておきの方法をご紹介しましょう。

それは、ちょっと工夫をして千円札を「百万円札」にしてしまうのです。
もちろん、それで千円札が「百万円」として使えるワケではありませんが、実際につくってみると、「0」がたくさん並んでいて、なんだか豊かな気持ちになることは確実です。

そもそも、神社の神さまはお金など必要ありません。神社の神さま……、あなたの中の「内なる神」に必要なのは、豊かさの気持ち・エネルギーです。
「お賽銭に千円も入れるのは、もったいない」という思いで、しぶしぶ千円札を入れるのと、「これはただの千円ではなく、百万円札なのだ。私は神社のお賽銭に百万円も入れられる豊かさをもっているのだ」という思いで「百万円札」を入れるのとでは、あなたから発せられるエネルギーがまるで違うものになるのです。

神社にあるのは鏡ですから、あなたがそんな豊かな気持ちで、「百万円札」をお賽銭に入れられれば、鏡の向こうの「内なる神」、神社の神さまも、百万円分の豊かさを返してくれることになるのです。

千円だと現実的に「もったいない」と思ったとしても、「百万円」になると、「もったいない」という意識より、「百万円も入れられた」という高揚感や豊かさ意識が拡大するもの。それは実際にやってみると、明らかな違いが実感できるハズ。

すべては意識ですから、その豊かさ波動、豊かさ意識が非常に重要で、それこそ、神社参拝に行ってお賽銭を納めるメリットだと言えるでしょう。

ですから、ぜひこの「お賽銭・百万円札チャレンジ」に挑戦してみてください。

千円のお賽銭がクリアできれば、次はぜひ1万円札にもチャレンジしてみましょう。

もし今まで、お賽銭は100円が限界だったとすれば、「お賽銭・百万円札チャレンジ」で、あなたの金運は何十倍にもアップすることになるのですから。

「百万円札」のつくり方はカンタンです。まず、新札の千円札を用意して、右上の「1000」という数字の「1」と「0」の間に折り目をつけておきます。

その状態で、お札を裏返し、折り目のついたところを反対側に、山折りにします。

またお札を表側に戻して、山折りにしたお札の右上の「0」が、左上の「0」とピッタリ横に並ぶよう、折り合わせていきます。

最後に正面から見て、右側の出っ張っている部分を後ろ側に山折りにして、カタチを整えれば、「百万円札」の完成です!!

「百万円札」のつくり方

1. 新札の千円の右の「1」と「0」の間に折り目をつけ山折にする

2. お札の右上の「0」と左上の「0」がピッタリ横に並ぶように折り合わせる

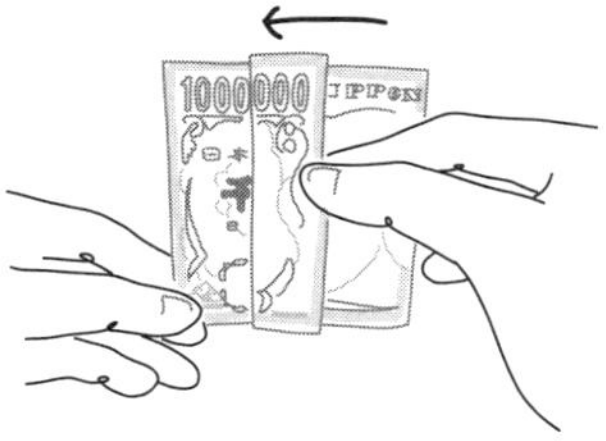

3. 右側の出っ張っている部分を山折りにすれば完成！

愛され参拝法のワンポイント

新札の千円札を「百万円札」にして、ポチ袋に入れてお賽銭にするべし。百万円を入れた気分を味わうことで、あなたの金運は飛躍的に高まること、間違いナシ。

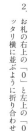

20

まず何より、「神さまのご開運」を祈りましょう

神社の本殿にたどり着き、お賽銭を入れて、願い事を唱える……。

これがフツーの参拝方法だと、多くの人は思っています。しかし、ここまで書いてきたとおり、神社の神さまは、鏡に映し出された「内なる神」であるあなた自身。そこで願い事をしても意味がないのは、先述のとおり。「感謝と宣言」が大事なことはわかったとして、では具体的に、神前では何をどんなふうに祈ればいいのか？

神前に立って、いちばん最初に唱える「祈り言葉」として、私がおすすめする最もパワフルなものがコレ！

「○○神社の大神さま、いや、ますますのご開運をお祈りいたします」

この「○○神社」のところを、参拝に訪れた神社名に変えるだけで、どこの神社に行っても、オールマイティで使える、とっても便利な「祈り言葉」です。

神さまのご開運を祈る？

私も、初めてこの言葉を教えてもらったときは、そう思いました。しかし、神社の本殿に置かれているのは鏡ですから、その鏡に向かって開運を祈るということは、結局、自分自身のご開運を祈っているのと同じこと。このしくみがわかれば、目の前の神さまのご開運を祈ることも、すんなり受け入れられるようになりました。

「じゃあ、最初から自分の開運を祈ればいいじゃないか……」と思う方もおられるかもしれませんが、それではダメなのです。それでは神さまに捧げる「祈り」ではなく、自分にとって都合の良い「願い」になるだけ。

神さまのご開運を祈ることで、それが結果的に自分の開運を祈るのと同じことになるのと、最初から自分の開運だけを祈るのとでは、天地の開き。まさに「似て非なるもの」だと言えるでしょう。

ですから、最初はまず、へりくだり、あくまで目の前の神さまのご開運を祈ります。

もともと開運している神さまだから、「いや、ますますの……」となるワケです。


ちなみに「いや」とは、「いざ」とか、「さぁ」とかいう掛け声みたいなもの。

この「祈り言葉」は、「今日ここまでこさせていただき、ありがとうございます。

いよいよ、こうして神さまにお目にかかることができ、とってもうれしいです。さぁ、あなたさまがますますご開運されますよう、心よりお祈り申し上げます」というような意味だと理解しておけばよいでしょう。


初対面の人であっても、まず最初にこんなふうに言われて、イヤな気がする人はいないはず。それは神さまでも同じです。まして他の人が、自分の願い事ばかりを唱えている中で、いきなり神さまの開運を祈るのですから、これは目立つこと間違いなし！　神さまの覚えもよくなり、神社の神さまから愛され、えこひいきされること請け合いです。

愛され参拝法のワンポイント

神前では挨拶代わりに、まずは神さまの開運を祈るべし。自分の願い事しかしない他の参拝者と比べると、神さまから愛されること間違いなし！

21

「祈り」は「意・宣」。「願い」は「根我意」。似て非なるもの

神社は、願い事をする場所ではありません。

神社でするのは、「感謝と宣言」。それが「祈り」です。

そもそも他の宗教では「祈り」が基本ですが、無宗教の私たち日本人には「祈る」習慣が定着していません。だから、「祈り」と「願い」がゴチャ混ぜになってしまっているのです。


シンプルに言えば、「祈り」とは感謝です。どの宗教であっても、神であるその創

始者を称え、感謝を捧げます。個人的な願い事をするとしても、それは最後にちょっとだけ……。大部分は神への感謝の言葉で占められているのが「祈り」です。

「願い」の語源は、「労《ねぎら》い」だと言われます。日本語で言うと、「おかげさまです」に当たるでしょうか。「願い」にも本来、感謝の思いが込められていたのですが、今では自分では何もせず、都合良く「棚からぼた餅」的なラッキーを期待するのが「願い」になってしまっているようで、残念です。

実は、日本語の「ありがとうございます」は祈り言葉なのです。「在り得ないような（＝ありがとう）奇蹟的な出来事が、今ここに存在しています（＝御座居ます）」が、「ありがとうございます」の本来の意味、語源です。ですから私たち日本人は、「ありがとうございます」という言葉を使っているだけで、天に向かって祈りを捧げていることになるのです。だからこそ、あえて祈る習慣が根づかなかったとも言えるでしょう。

日常で「ありがとうございます」という祈り言葉も唱えず、神社に行って、自分の都合の良い「願い事」だけしているようでは当然、運気はひらけませんし、神さまに愛され、応援されることもありません。

もし、神社の神さまに愛され、応援されたいと思うのなら、最初のうちは自分の個人的な願い事は心の内にしまっておいて、神前では「ありがとうございます」という祈り言葉だけを唱えるほうが、結果的に願いが叶いやすくなるのでおすすめです。

「祈り」は、「意・宣（い・のり）」。自分の意志、意識を神前で宣言することを「祈り」と言います。「私は、こうします！」と、神前で高らかに宣言するのが、「祈り」。

これに対して、「願い」は「根我意」。根っこに「自我（自分のことだけ、自分勝手な思い）」がある意志、意識のこと。

「祈り」は自力であり、自己責任。「願い」は他力であり、他者依存です。

「祈り」と「願い」。その「似て非なるもの」の、どちらの思いのほうを神社の神さまが応援したくなるかは、きっと誰でもわかるでしょう。
「ありがとうございます」「おかげさま」「もったいない」など、古くから使われている日本語のほとんどは、祈り言葉なのです。本来の日本語に秘められた祈りのパワーを最も有効に生かせる場所が、まさに神社なのです。

愛され参拝法のワンポイント

古くから伝わる日本語には、祈りのパワーが込められている。個人的な願い事をするより、神前で「ありがとうございます」とだけ唱えるほうが、結果的に願いが叶いやすくなる。

22

拝礼の際、目はつぶらず、しっかり見開く

神社の本殿前で、手を合わせて目をつぶり、眉間にシワを寄せて、一心不乱に願い事をしている方を見かけます。正直、これはとても残念な参拝方法です。

その参拝スタイルでは、間違いなく「祈り」ではなく、「願い」になってしまいます。「願い」よりも、さらに強い「念」を送っているようにしか見えません。そんな重い思いは、神さまでも重荷に感じて、腰が引けてしまうことでしょう。

神社の本殿に置かれているのは、鏡です。穢れがとれた自分自身、「内なる神」と対面するための場所が、神社です。そこに、せっかく鏡が置かれているのに、目をつぶってしまっては意味がありません。神社で拝礼する際、目をつぶってしまうのは大

変もったいない行為で、残念な参拝方法になるので要注意です。

神社の本殿にいらっしゃるのは、畏れ多くて目も合わせられないような、恐ろしい神さまではありません。本殿の奥に据えられているのは鏡です。その鏡に映っているのは、他ならぬあなた自身。「内なる神」となったあなた自身が映し出されているのに目をつぶってしまうのは、「内なる神」である自分自身を見たくない、信じていないと言っているようなもの……。

大切な人の前で大事な要件を伝えようとしているのに、その大切な人と目も合わさないなんて、あなたがその相手の立場になればどんな気持ちがするか、想像するのはきっと難しくないハズ。目をつぶったまま参拝するのは、それと同じことをしているのだと知ることです。

神前で合掌したら、目はしっかり見開いて、本殿の奥にある鏡を見るようにしましょう。実際に鏡が見えなくても、本殿の奥に鏡があると想定して、自分の姿が映っている鏡と対面するような気持ちで……。

相手は鏡ですから、あなたが眉間にシワを寄せて怖い難しい顔をしていれば、鏡に映し出された「内なる神」のあなたのほうも同じような怖い顔をすることになります。お互いに険しい顔でにらめっこして我がままな要求を突きつけ合っても、険悪な空気になるだけで幸運が引き寄せられることはありません。


もし、あなたの願いがすべて叶ったら、あなたはどんな顔になりますか？

満面の笑みを浮かべるのではありませんか？　神前で神さまのご開運を祈り、「感謝と宣言」を伝え、さらに自分の願い事がすでに叶ったかのように振舞うことが、開運するための神社参拝法。

そのために必要なことは、絶対、笑顔です！


あなたがニッコリ笑えば、鏡の中の「内なる神」も、同じようにニッコリ笑い返してくれるのです。すべての佳きことは、笑顔から始まります。すべての願いがすでに叶ったかのように、満面の笑みで神さまと対面すること。
これこそ、最もシンプルで、開運効果抜群の神社参拝法と言えるでしょう。

愛され参拝法のワンポイント

神社の本殿前で祈りを捧げるとき、目はつぶらない。難しい顔、険しい顔もNG。本殿の鏡に映る自分の姿をしっかり見て、満面の笑みでニッコリ拝礼すべし。

23

合掌した両手の指先は、本殿の鏡に向ける

神前で祈るとき、ほとんどの人は目をつぶり、顔の前で手を合わせ、合掌した手の指先は上を向いています。あなたもそれが普通、それでいいと思っていませんか？

神社の参拝方法は基本、自由。「こうしなさい」「ああしなさい」というルールもなければ、「これはダメ」「あれもダメ」というタブーもありません。

しかし、あなたが神社好きで、もっと神さまに愛されたい、神さまとつながりたい、自分らしく輝いて生きていきたいと思うのなら、この参拝方法はおすすめできません。

くり返しお伝えしているとおり、神社の本殿に置かれているのは鏡です。その鏡に映し出された「本当の自分」＝「内なる神」と対面するための場所が、神社です。こ

のしくみがわかれば、合掌した手をどこに向ければよいのかも、自ずとはっきりしてくるでしょう。

指先からは前に向かって、未来に向かって常にエネルギーが出ています。両手を合わせるということは、自分の中にある2つの心、「善と悪」「ポジとネガ」「陰と陽」「男性性と女性性」「過去と未来」など、異なるエネルギーを合わせるということ。

その合わせたエネルギーをどこに向けるのかを決めるのが、指先の方向。上に向ければ、それは空であり、天であり、宇宙です。それは確かに神さまのいる方向ですが、指先を上に向けて合掌するのは、神さまにお願いする「神頼み」のポーズ。それでは残念ながら、わざわざ神社に参拝する意味がありません。

神社参りをするのは、鏡を見るため。自分の中にいる「内なる神」と対面するために、神社に参拝するのです。ですから、合掌した手の指先を向けるのは、上ではなく、正面。本殿の奥にある鏡のほうがおすすめです。

自分の胸の第四チャクラ（ウルトラマンのカラータイマーのある場所）と合掌した指先、本殿の奥にある鏡が一直線上に並ぶようなイメージで……。

そうすることで、胸から発せられた思いのエネルギーが指先で増幅され、レーザービームのように未来へ向かって飛んでいきます。そしてその思いのビームが、鏡に当たることによって、「○○します！」という未来に対する「宣言」が、初めて「内なる神」へと届けられることになるのです。

ちなみに神前で合掌する手は、左右をピッタリそろえるのではなく、右手を少しズラして、左手のほうを第一関節分ぐらい前に出すことをおすすめします。仏事で合掌する場合は、左右の手をぴったり合わせてエネルギーを鎮める形をとりますが、神前での合掌は、神さまにエネルギーを届けると同時に、神さまからのエネルギーを受け取るためのもの。それゆえに、神さまを敬い、称え、少しへりくだる気持ちも込めて、少しだけ右手を引いた形をとることをおすすめします。

こうした些細な違いの積み重ねが、やがて大きな違いを生むことになるのです。

愛され参拝法のワンポイント

神前で合掌するときの、手の向きに注目。指先は上ではなく、前へ。本殿の奥にある鏡に向けるべし。左手を少しだけ前にずらして合掌するのが、上級者の作法。

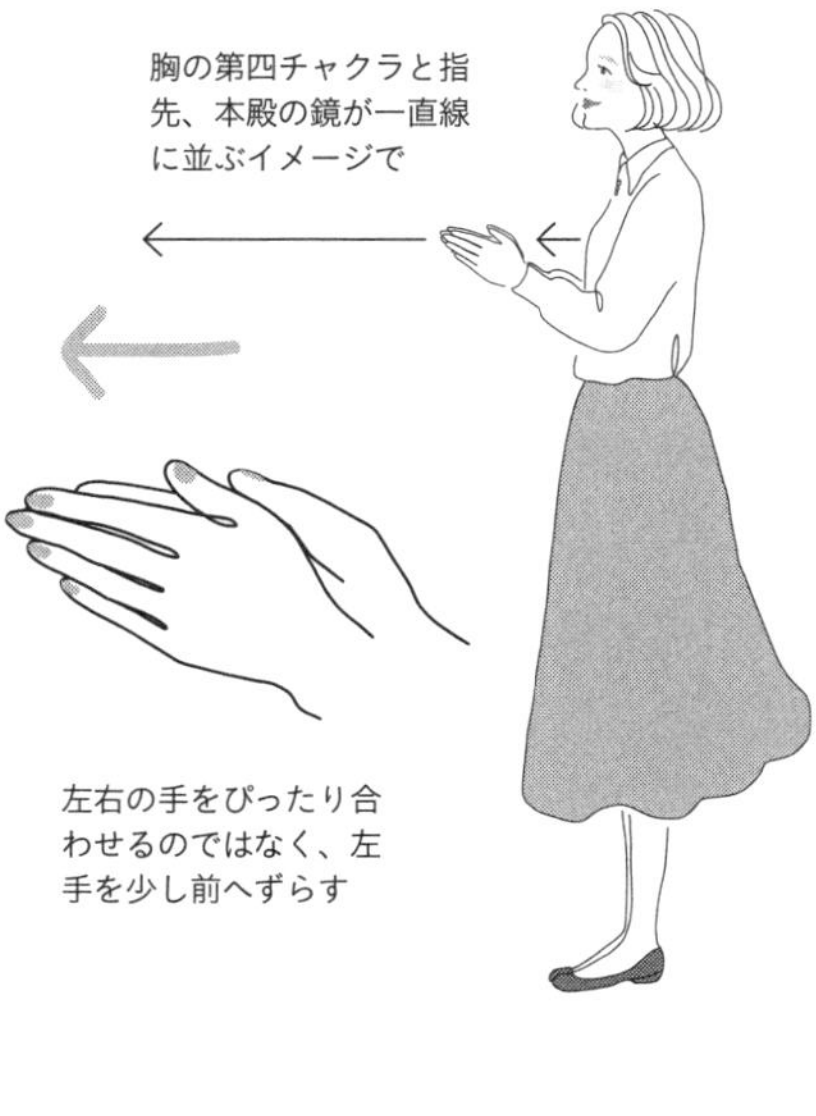

胸の第四チャクラと指先、本殿の鏡が一直線に並ぶイメージで
左右の手をぴったり合わせるのではなく、左手を少し前へずらす

24

「二礼二拍手一礼」で始まり、「三拍手」で締める

神社での参拝作法として、一般的によく知られているのが、「二礼二拍手一礼」の作法。「2回おじぎをして、2回柏手《かしわで》を打ち、最後にもう一度おじぎをする」という作法です。ただ、この参拝方法が一般に普及したのは、戦後だと言われていますし、出雲大社や宇佐神宮では今でも、「二礼四拍手一礼」の作法を採用しているので、「こうでなければいけない」というものではなさそうです。

なぜ、「二礼二拍手一礼」の作法が定番になったのかは、諸説あるようですが、私なりの解釈は、次のとおり。まず2度おじぎをするのは「目に見える世界」と「目に見えない世界」の両方に対する挨拶です。2度拍手を打つのは、これも「目に見える

世界」と「目に見えない世界」の両方に対して「来ましたよ」という合図を送る意味と、「（神さま）おでましください」という呼び出しの意味。さらに最後のおじぎは、終わりましたという合図だと理解しています。

ですから、「二礼二拍手一礼」を一連の動きでやってしまうと、「来ましたよ」と挨拶したのに、すぐ「終わりました」と締めてしまうことになってしまうのです。
つまり、本来「二礼二拍手一礼」の作法とは、「二礼二拍手」と「一礼」の間に「祈り」が入って、完成される形になっていると、私は思います。

ただ、この形が一連の作法としてすでに一般に定着しているので、私の場合、「二礼二拍手一礼」を一連の作法として行ったあとで、そこから本来の「祈り」へと移行する形をとっています。
「2回おじぎをして、2回拍手を打ち、最後にもう一度おじぎをする」。ここまでが、神さまに対する定番の挨拶方法です。

……で、ここからが本番。ここから「感謝」と「宣言」の「祈り」を始めます。

それで「祈り」が終わったら、もう一度おじぎをして、最後は「三拍手」で締めるようにしています。これが私がおすすめする開運参拝法です。

最後の「三拍手」の意味は、「目に見えるもの」「目に見えないもの」、そしてその間にある「内なる神」、私自身に対する拍手です。三本締めと同じく、「これで終わりました」という意味を込めて、参拝の最後に三拍手してから、もう一度一礼します。

そして、最後の最後にニッコリ笑顔ができるとパーフェクト（笑）。


くり返しお伝えしているとおり、神社の参拝作法は「こうしなければならない」という厳格なルールはありませんが、ルールがあったほうが、やりやすいのも事実。

ですから、私は一般的に普及している「二礼二拍手一礼」の作法を採用しながら、最後に「三拍手」と一礼で締めるという形をおすすめしています。こうすると「祈り」の時間も、自分の好きなだけ自由にとれて、最後もまたきちんと改まった感じで終われるので、ぜひ試してみてください。

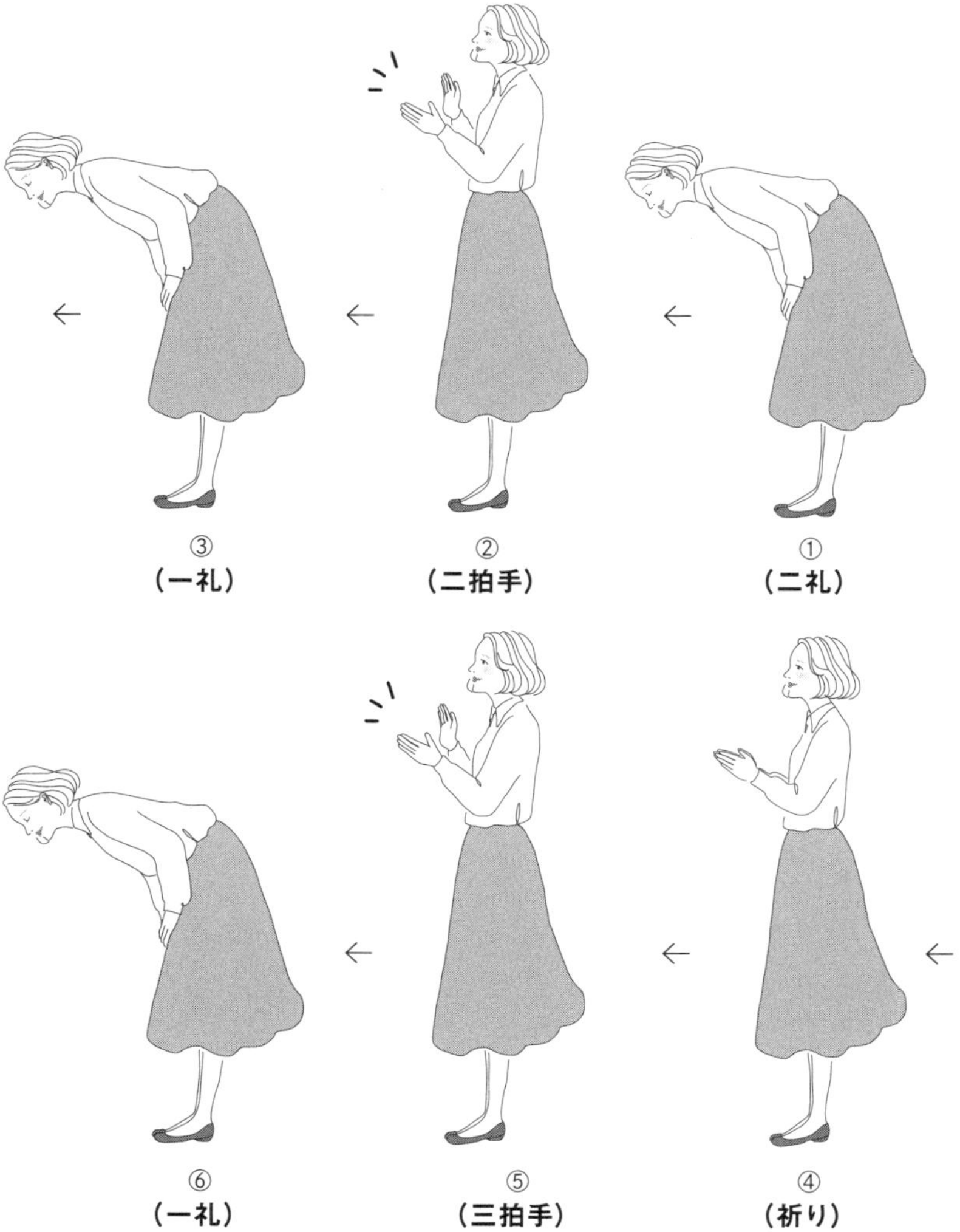
①
（二礼）
②
（二拍手）
③
（一礼）
④
（祈り）
⑤
（三拍手）
⑥
（一礼）

愛され参拝法のワンポイント

「二礼二拍手一礼」の作法にあまりこだわり過ぎず、自分らしい参拝法を見つけるべし。最後に三拍手と一礼で締めて、ニッコリ笑顔で終わる形が「はづき式神社参拝法」のおすすめ。

25 神前でのおじぎは、90度

その昔、百貨店で働いていたとき、TPOによっておじぎの角度を変えることを教わりました。「いらっしゃいませ」の「ご挨拶」は30度くらい。「ありがとうございます」と「感謝」を表すのは60度くらい。お客様のクレームなどで「謝る」ときは90度くらいという、3段階のおじぎを使い分けることを学びました。

では、神前でおじぎをするとき、あなたのおじぎは何度くらいでしょう？　おじぎの頭の下げ方を意識していますか？　実はコレ、結構大事なポイントなんです。頭を深く下げるのは、相手に対する敬意の気持ちを表すためですが、実はそれだけではありません。

参道の玉砂利を踏みしめ、大木の下を歩き、お手水を使うのは、すべて日常で憑いてしまった邪気や穢れを払うための行為。そうやって禊ぎを済ませて神前に向かうわけですが、本殿の奥、鏡から発せられる浄化のパワーがいちばん強いのです。そのいちばん強い浄化のパワーを受け取るための作法が、90度のおじぎです。

邪気や穢れは、背中に憑きます。

身体の中で、最も穢れているのは背中であり、最も清めにくいのも背中なのです。神社でのお清めの仕上げが、本殿でのおじぎに当たります。ご祈禱をお願いすれば、神主さんが白い紙のついた長い棒（＝御幣《ごへい》と言います）をもって頭の上を払ってくれますが、神前で深々とおじぎをするのはあれと同じ効果があるのです。

90度おじぎすることで、神さま側から見れば、相手の背中が丸見えになります。これが大事なポイント。いちばん邪気の憑きやすい背中を神さまに見せることで初めて、神さまから発せられる浄化のパワーが受け取れるのです。

ですから、神前で「二礼二拍手一礼」の作法で、最後の一礼のとき、意識して身体を90度まで曲げて、深々とおじぎすることをおすすめします。

90度頭を下げたまま、最低5秒ぐらい、待ちます。その間に、あなたの背中に憑いた邪気を神さまが払ってくれていると意識して……。そのとき、あなたの背中の上を風が吹き抜けてくれれば、それが浄化完了の合図です。


90度のおじぎの、もうひとつのメリットは、頭の裏を天に見せることによって、そこにいいアイディアやひらめき、やる気や勇気、幸運やチャンスが降りてきます。普段の生活で、後頭部を空のほうに向けることは、ほとんどないと思います。

しかし、すべての佳きことは、頭の上、空の上から、しかも斜め後ろのほうから降りてくるのです。その「すべての佳きこと」を受け取るためのポーズが、まさに90度のおじぎというワケ。

「たかが、おじぎ。されど、おじぎ」。おじぎの角度のほんのちょっとした違いで、神さまに愛されるかどうかが分かれてしまうので、ぜひお試しあれ。

愛され参拝法のワンポイント

神前でのおじぎは、「浄化の仕上げ」の意味と、後頭部に「ひらめきを授かる」意味がある。90度のおじぎをすることで、神さまからすべての佳きことを受け取るべし。

26 神さまに愛される、神前での「はづき式祝詞」の作法

ここで、神さまに愛され、神さまとより深くつながり、浄化・開運が加速する「はづき式祝詞」の作法についてまとめておきましょう。

「二礼二拍手一礼」の作法のあと、まずは「○○神社の大神さま、いや、ますますのご開運をお祈りいたします」と、訪れた神社の神さまの開運を祈ります。

次に、自分自身の現住所と氏名を述べます。

「○○県（都・道・府）○○市（区）○○町（現住所）から参りました、○○○○

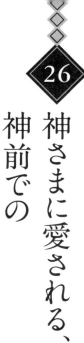

（フルネーム）と申します。本日はここに、こうして参拝させていただけますことを、心より感謝いたします」という感じで……。

続いて、次の「祝詞」を唱えます。

「荒魂《あらみたま》、和魂《にぎみたま》、幸魂《さきみたま》、奇魂《くしみたま》。祓《はら》えたまえ、清めたまえ。守りたまえ、幸《さき》はえたまえ」（2度、くり返す）

「かんながら、たまちはえませ。かんながら、たまちはえませ。かんながら、たまちはえませ。かしこみ、かしこみ、申す」

ここまでが、神さまに捧げる「祝詞」。神さまを称え、感謝を表すための「祝い言葉」です。もちろん、ひとつずつの言葉に意味はありますが、意味ウンヌンより、これは丸暗記することをおすすめします。最初は、全部覚えられないと思うので、紙に書いたものを神社に持参するか、自宅の神棚の前で、練習するとよいでしょう。

神主でもない素人が、神前で唱える「祝詞」としては、これで十分だと思います。

ここまで唱えられたら、そこで自分の「宣言」をします。たとえば……。

「この度、私〇〇〇〇（フルネーム）は、〇月〇日に『株式会社〇〇』を設立し、独立起業します！　そこで〇〇というメソッドを広めることで、多くの人の幸せに貢献して参ります。初年度の売上目標は1億円。これを達成できるよう精一杯がんばりますので、応援・後押しのほど、どうぞよろしく、よろしくお願いいたします！」

神さまには「感謝」の思いを伝えるだけで十分なのですが、これから自分が新たに挑戦しようと思っていること、やろうと決めていることがあるのなら、できるだけ具体的にその内容や目標、決意や覚悟を神前で唱えることが大切です。

神前で「宣言」するときは、「やりたい」とか、「しようと思う」ではなく、「〇〇します！」と現在形で言い切ること。そのあとで、神さまの応援・後押しをお願いする形がおすすめです。このとき、本殿の向こう側にいる神さま、鏡に映る「内なる神」を意識して、しばし目を閉じて瞑想するのもいいでしょう。そして最後にニッコリ笑顔になって、三拍手で締め、深々と一礼すれば参拝完了。ＯＫです。

この参拝方法も、最初は戸惑うかもしれませんが、時間をかけてゆっくりやれば大丈夫。後ろに参拝者が待っている場合は、本殿の中央に居座るのではなく、左右に位置を変えて、落ち着いて唱えてみましょう。きっとうれしい効果があるハズです。

愛され参拝法のワンポイント

「神さまの開運を祈る」→「自らの住所・氏名を名乗る」→「祝詞を上げる」→「自らの決意を『宣言』する」。神さまに愛されたければ、この祝詞の作法を覚えるべし。

27 神社は「入るとき」より、「出るとき」のほうが、より大事

神前で「二礼二拍手一礼」の作法で、「感謝と宣言」の祈りを済ませたら、あとは帰るだけ。もちろん、摂社・末社を廻ったり、御朱印をもらったり、おみくじを引いたり、お守りを買うのもよしですが、そのとき、覚えておいて欲しいことがひとつ。

小学生のとき、先生が「家に帰るまでが、遠足だ」と言っていたのと同様に、「神社のご神域を出るまでが、神社参り」なのです。

本殿に向かうまでは気分も高揚し、お作法についてもあれこれ気にするものですが、

メインの参拝が終わると、どうしても気が緩みがち。特におみくじを引いたり、お守りを買って、ワァーワァーキャーキャー騒いでしまうと、せっかくの神社の浄化効果も薄れてしまうのでもったいない。

決して騒いではいけないというわけではありませんが、浄化・開運のために神社参拝に来たという目的を忘れずに、神域内では節度ある行動を心がけましょう。

本殿に向かうときは、どうしても気持ちが本殿のほうに向いているので、周りの景色や鳥の声、川のせせらぎなどを楽しむ余裕がないことも多いもの。

しかし、帰るときは、ひとつのミッションを終えた安心感から、周りの景色や音、香りを楽しむ余裕も生まれるはず。ゆっくり大きく深呼吸をしながら、参道をゆったり歩くことで、新しいアイディアや気づきのヒントが生まれてくることも。

そうしたこともすべて、神社参拝の恩恵であり、神さまからのメッセージだととらえることが大切です。

さらに鳥居は、「入る」ときよりも、「出る」ときのほうがその違いがわかりやすいはず。ひとつ鳥居をくぐる度に、明らかに波動が変わるのを感じられることでしょう。こうした感じる力が強くなるのも、神社に参拝する効果のひとつです。

鳥居をくぐる度に、本殿のほうをクルッと振り返り、「（参拝させていただき）ありがとうございます」と一礼することも忘れずに……。

そして最後の鳥居をくぐる際は、できるだけゆっくりと歩くこと。

鳥居の作法のところでも書きましたが、神社でいただいた神さまのパワーをできるだけそのまま持ち帰りたいのなら、左足からそろりと出ること。逆に、「さぁ、現実的にがんばるぞ！」と、強い気持ちで娑婆《しゃば》（現実社会）に帰るのなら、右足を強く踏み出して鳥居を出るのもアリです。

いずれにしても、最後の鳥居をくぐれば、そこはもう「この世」、現実社会です。

鳥居をくぐった途端、身体がガクッと重くなるように感じられるかもしれませんが、普段はそれが当たり前になっていたと気づくこと。その重さが、日ごろ憑いていた邪気や穢れの重さであり、神社の中ではそれがなくなっていたということの証明です。それがわかるのが、神社を「出る」ときにしか感じられないメリットなのです。

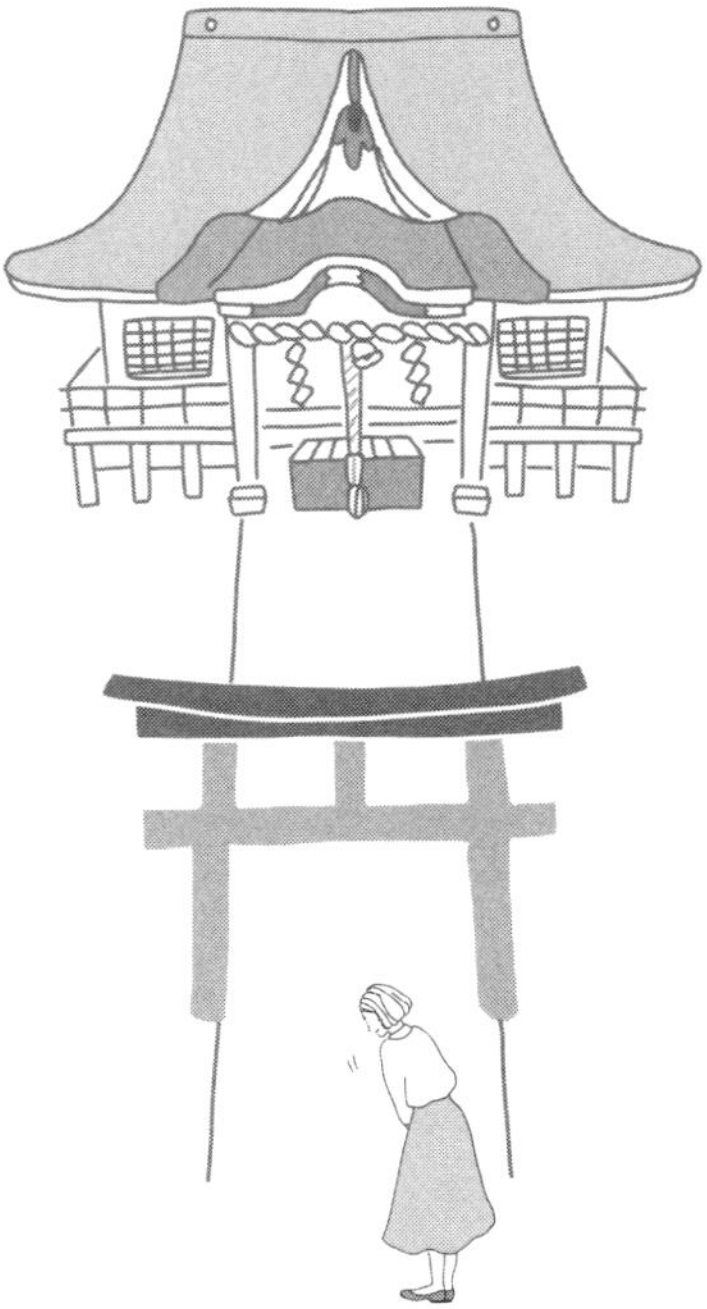

愛され参拝法のワンポイント

参拝後こそ、神社の浄化・開運効果を実感できるチャンス。神域内では、あらゆることが神さまからの恩恵であり、メッセージ。神域内をゆっくり散策し、余韻を楽しむべし。

28
神さまからの貴重なサインを見逃すな！

今まで普通だと思っていた参拝方法ではなく、神さまに愛される「はづき式超開運神社参拝法」を採用して参拝するようになると、神さまが明らかなサインを送ってくれるようになります。これに気づけるようになってくると、神社参りがさらに楽しくなりますし、神さまからの応援・サポートもより受け取りやすくなるので、ぜひ意識してみましょう。

神さまからのサインは、いろんな形で届けられます。
まずは、お天気。天気は「天の気」。「神さまのお気持ち」という意味ですから、「雨はイヤだな〜」とか、「晴れがよかった」など、天気の悪口は慎むこと。

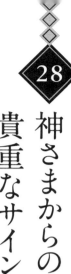

神社参拝では外を歩くので、確かに雨だといろいろと不都合な面もありますが、参拝に訪れた日の天気が、自分にとってはいちばんいいお天気、最適のお天気だととらえて、与えられた天気を楽しむ姿勢が大切です。

そんな気持ちでいると、不思議なことに雨が降っていても、神社に到着すると雨がやんだり、急に日が差してきたり、虹が出たり、龍雲や彩雲が見られることもあるかもしれません。これらはどれも、非常にわかりやすい、神さまからの歓迎のサインです。

あとは、風。神社の本殿に立ったとき風が吹くのも、神さまからのわかりやすいサインです。向かい風は、ここを踏ん張れば、さらにステージがアップするよという激励サイン。追い風は、今の方向で間違っていないよという後押しの応援サイン。

ちなみに、伊勢神宮などの大きなお社では、本殿に白い布（＝御幌《みとばり》と言います）がかかっています。神前に立ったとき、この布がどんな動きをするかで、神さまの歓迎度がわかります。

布がこちら（手前）側に上がるときは、向かい風で浄化と次元上昇のサイン。逆に布が向こう（奥）側に上がるときは、追い風で歓迎と開運のサインだと覚えておけばいいでしょう。いずれにしても、それまで特に風など吹いていなかったのに、神前に立つと急に風が吹いてきて布が上がる場面に直面すると、目には見えない何者かが確かにそこにいることがわかり、感謝・感動・感激の涙が自然に溢れてきます。

それ以外にも、神前に立ったとき、「太鼓が鳴る」「ご祈禱・御神楽《みかぐら》が始まる」「結婚式に遭遇する」「後ろから日が差す」「木の葉がざわめく」「笑い声が聞こえる」などども、わかりやすい神さまからの歓迎のサインであり、よいことが起こる前ぶれの吉兆です。

そうやって、せっかく神さまがサインを送ってくれているのに、それに気づかずスルーしてしまうと、神さまから愛されることがなくなり、神さまとのつながりも薄れてしまうので要注意です。

こうした神さまからのサインに気づいたときは、「もったいなくも、ありがとうございます」と満面の笑みで感謝と喜びを伝えることで、さらなる開運が加速していくのです。

愛され参拝法のワンポイント

参拝時の自然現象は、みな神さまからのメッセージ。吉兆のサインに気づき、大げさに喜びと感謝を表現することが、さらなる開運を引き寄せることになる。

29

神社の木や石は、神さまの依り代。触れるのではなく、感じるもの

最近の神社ブームで、参拝客も増加傾向。それ自体はとても喜ばしいことなのですが、中にはエネルギーをもらおうとするあまり、ご神木の巨木に触ったり、抱きついたり、磐座《いわくら》という巨石の上に登ったり、岩を削ったりする人もいるようです。

神社からエネルギーをもらいたいという気持ちはわかりますが、くり返し書いているとおり、神社は神さまに願い事を叶えてもらうための場所でもなければ、エネルギーをもらいにいく場所でもありません。

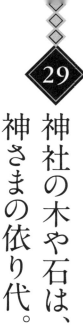

自らの中にある「内なる神」に気づき、「内なる神」と対話するための場所。いわば、神域内はすべて、「内なる神」の中。つまり自分自身の一部であり、自分自身の内面を映し出している場所に他なりません。ですから、そこで木や石の自然物に手を加えたり、持ち帰ったりするのは、自分の身体の一部を壊したり、はぎ取ったりするのと同じことになるので、よくよく注意が必要です。

巨石や巨木は、神さまの依《よ》り代《しろ》。神さまが天から降臨してくるための目印です。触れたくなる気持ちはわかりますが、その神聖な場所をベタベタと触ることで、神さまの依り代として機能しにくくなるので、控えたほうがいいでしょう。

実際、巨石や巨木のエネルギーは、石や木そのものよりその周辺。本体から数cm〜20、30cm離れた辺りを、最も活発に流れています。ですから巨石や巨木からエネルギーチャージしたいのなら、直接触れるより、数cm〜20、30cm離れた辺りに手をかざしたほうが、よりエネルギーがチャージできるのです。

さらに石や木は、見えている部分より、地面の下の見えていない部分のほうが、大きいことも。ですので、石や木の近くの地面に向かって手をかざしたほうが地中から湧き上がるエネルギーが、より強く感じられることもあるのです。

実際、石や木に直接触れてしまうと「触覚」のほうが優位になります。「冷たい」とか、「ツルツルしている」とか、「ゴツゴツしている」とか、ダイレクトにその感触が感じられるでしょう。もちろん、それも悪いことではありませんが、神社の神さまのエネルギーは、五感以上の第六感で感じ取るもの。そのためにはあえて直接触れずに、手の感覚を信じて、手をかざして感じてみることをおすすめします。

すると、「温かい」とか、「流れている」とか、「ジンジンする」とか、「手の平を風が渡っている感じ」とか。いろんな感じがすると思います。

それが大切。それがまさに、あなたの中にある「内なる神」に気づき、「内なる神」と対話することになるのですから…。

神さまは、実体があるものではありません。

実体がないのですから、五感で確かめようとすると、違うものになります。五感を超えた第六感で感じるもの。それが神さまであり、神さまというエネルギーです。

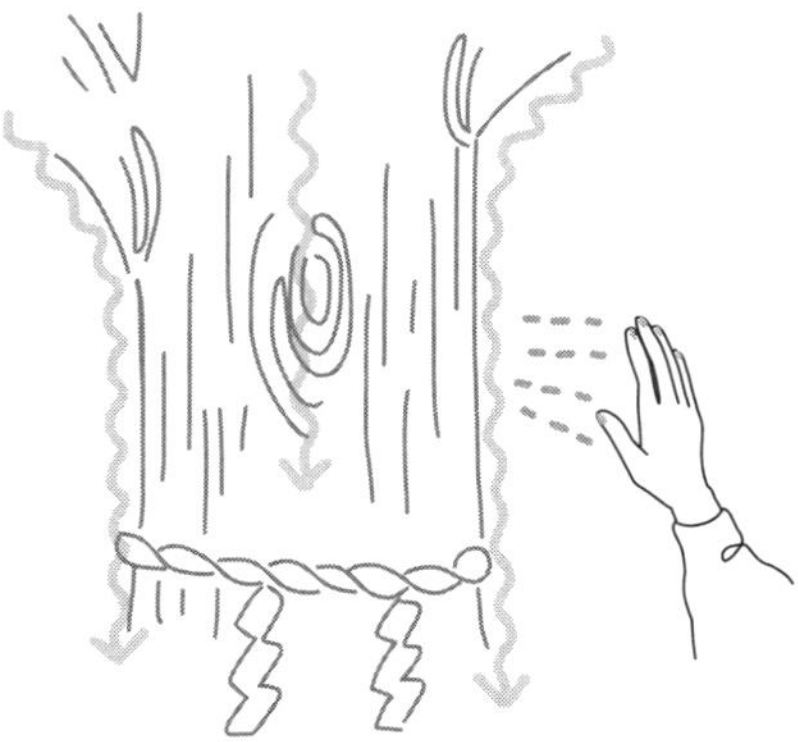

愛され参拝法のワンポイント

神社の神域内の自然物（木や花、石など）には、極力触れないこと。「触れる」より「かざす」ほうが、エネルギーがチャージでき、感じるチカラも磨かれます。

30 あなたの好きな場所、気持ちいいと感じる場所に、神さまが宿っています

くり返しになりますが、神社の本殿にあるのは鏡です。

その鏡に映し出されているのは、あなた自身であり、そこに「特別な何か」があるワケではありません。

神社の中の「特別な場所」は、むしろ本殿以外にあると言えるでしょう。

それを探すことが、神社を訪れる楽しみであり、そこにその神社ならではの特別な空気感や特徴、役割があり、独自のエネルギーが宿っているのです。

では、その「特別な場所」は、どうやって見つけるのか？

まずは本殿でのお祈りを済ませたあと、できるだけ摂社、末社にも廻ってみることをおすすめします。神社の敷地を、くまなく歩けると理想的。
もちろん、手っ取り早く、私のように神社に詳しい人に教えてもらうのも、ひとつ。テレビの情報番組を参考にしたり、インターネットで検索したり、本や雑誌で調べるのもいいでしょう。しかし……。

私にとっての「特別な場所」が、あなたにとっても「特別な場所」になるかどうかはわかりません。外からの情報を参考にするのはかまいませんが、それを鵜呑みにするのはちょっと危ないかも……。実際に世間では「パワースポット」と言われて人気になっている場所でも、私は気持ち悪くなったところもあるし、近づくことさえできないような場所もありましたから……。

いちばんのおすすめは、あなたが自分で、自分のお気に入りスポットを見つけること。理屈抜きに「アッ、ここ好き！」「なんとなく、気持ちいい」と感じる場所が、あなたにとってのパワースポットです。そこに、あなたにとっていちばん必要な神さまのエネルギーが宿っているのです。

それは神社の本殿の裏側にあるかもしれません。神社の中にある摂社、末社かもしれません。ご神木や磐座かもしれません。神域内の川や水辺かもしれません。参道そのものや、参道の途中の何もない空間ということもあるでしょう。いずれにしても、その「特別な場所」は、あなたが自分の感性で見つけるしかないのです。

参拝は「三拝」に通じます。神社の神さまと仲よくなるためには、同じ神社に最低でも三回は参拝させていただきましょう。

たくさんの神社を訪れ、気に入った神社には足しげく通い、「内なる神」と対話をくり返し、神さまとより深くつながり、愛され、応援されるようになってくると、自然と「その場所」に導かれることになるはずです。

そして、あなたにとって、その「特別な場所」こそ、「本当のあなた」を表す場所。

「本当のあなた」とつながり、「本当のあなた」に戻れる場所なのです。

潜在意識的には、その場所を見つけるために私たちは神社に通っていると言っても決して過言ではないぐらい、大事なことなのでぜひお忘れなく。

愛され参拝法のワンポイント

本殿でお祈りを済ませて終わり……ではない。気に入った神社には何度も通い、その中で、あなただけの「マイ・フェバリットスポット」を見つけることこそ、神社参拝の真の目的。

31 開運の秘訣は、参拝の「流れ」にアリ！

ここまで、神さまに愛され、より開運するための神社参拝法をご紹介してきました。いわゆる、普通の参拝法とずい分違うところもたくさんあって、難しく感じたり、面倒に思われた方もおられるかもしれません。

しかし、ひとつひとつの動作や作法の違いは些細なこと。一度に全部クリアしようとせず、できるところから改善していく姿勢が大切です。

基本、失敗や間違いはないので、ひとつずつの細かい違いはあまり気にせず、全体の流れをつかんで、楽しみながら参拝することが大切です。

……ということで、ここで「はづき式の開運神社参拝法」の一連の「流れ」を、簡単にまとめておきます。この「流れ」に沿って神社参拝することで、あなたは今よりもっと神さまに愛され、神さまとより深くつながり、さらに浄化・覚醒・開運が加速することになるでしょう。

●あの世とこの世を分ける「結界」、あの世の入り口「玄関」に相当する鳥居の前で身だしなみを整えて（サングラスは外し、帽子は脱ぐ、飲食は禁止）から一礼し、（初めて訪れる神社は特に）右足から力強く一歩踏み出す。

●参道では基本、右側通行。真ん中は空け、できるだけ端を歩き、参道にある木（氣）のシャワーを浴び、玉砂利を踏みしめる「音霊」で、身の穢れを祓う。

●お手水舎では、沐浴するようなつもりで、手と口の穢れを祓う。（具体的な手順は、①右手でひしゃくを持って水をすくい、左手に水をかけて、左手を清める。②ひしゃくを左手に持ち替え、右手に水をかけて、右手を清める。③もう一度、ひしゃくを右手に持ち替え、水をすくい、おわん状にした左手に水をため、その水で口をゆすぐ。④もう一度、左手に水をかけて、左手を清める。⑤残っ

た水でひしゃくの柄の部分を洗い流し、元の位置に戻す）

●鳥居をくぐる前には、その度に立ち止まって一礼する。（帰るときも、鳥居をくぐる度に振り返って、本殿に向かって一礼する）

●本殿の前まで来たら、まずは軽く一礼。

●鈴がある場合は、鈴を鳴らして「音霊」で穢れを祓うと同時に、自分が参拝に訪れたことを神さまにお知らせする。

●用意してきたポチ袋入りのお賽銭をすべらせるようにして入れる。（硬貨を裸で入れる場合でも、決して投げ入れず、すべらせるようなイメージで）

●本殿の奥にある鏡に向かって、「二礼二拍手一礼」の作法で参拝する。このとき、目はつぶらず、前を見る。胸の前で合掌した指先は上ではなく、真っすぐ前に向ける。おじぎは90度。最後の一礼のあと、笑顔でニッコリ微笑む。

●神前では、指先を前に向けた合掌スタイルのまま、「はづき式祝詞」の作法に従って、祝詞を唱え、感謝と宣言、祈りを捧げる。

●神社の本殿にあるのは「鏡」。そこに映し出された「内なる神」と対話することが、神社参拝の目的。それが終われば、神社の中を散策しながら、自分の感覚を頼りに、気に入った場所（摂社、末社、ご神木、磐座、水際など）を見つけて、そこに留まり、エネルギーを味わうことが大切。

●本殿中央から伸びる光のライン（正中）を横切るときは、一旦立ち止まり、本殿のほうに向かって、軽くおじぎをするよう心がける。

●時間が許せば、ご祈禱を受けることをおすすめします。（ご祈禱は、数千円〜で、神さまの近くまで行き、あなたの代わりに神職が、あなたの願いを神さまに取り次いでくれてお土産までいただける、とっても有り難いしくみです）

●神社内では、基本的に自然物（石、木、葉、花など）に触れるのは控えましょう。もちろん、それらを持ち帰ることもできません。

●帰るとき、鳥居をくぐる度に変わる波動を感じてみること。神社で受けたご神気を持ち帰りたい場合は、最後の鳥居を左足からそっと出ることがおすすめです。

「はづき式神社参拝法」の流れ

鳥居を入るとき

鳥居の前で一礼

身だしなみを整えて(サングラスは外し、帽子は脱ぐ、飲食は禁止)から一礼。

右足から踏み出す

右足から力強く、踏み出し、鳥居をくぐる。

参道

右側通行

参道の端を歩く

参道の玉砂利を踏みしめて歩き、参道の木(氣)のシャワーを浴びて歩く。

本殿 ← お手水舎 ←

お手水舎

左手を清める

右手でひしゃくを持って水をすくい、左手に水をかけて、左手を清める。

↓

右手を清める

ひしゃくを左手に持ち替え、右手に水をかけて、右手を清める。

↓

口をゆすぐ

もう一度、ひしゃくを右手に持ち替え、水をすくい、おわん状にした左手に水をため、その水で口をゆすぐ。

↓

もう一度、左手を清める

もう一度、左手に水をかけて、左手を清める。

↓

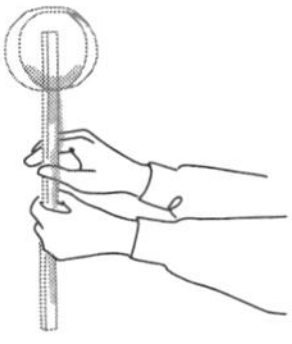

ひしゃくの柄を洗い流す

残った水でひしゃくの柄の部分を洗い流し、元の位置に戻す。

本殿

軽く一礼

↓

鈴を鳴らす

鈴を鳴らして穢れを祓うと同時に、自分が参拝に訪れたことを神さまにお知らせする。

参拝 ← お賽銭

二礼二拍手一礼

2回おじぎをして、2回、拍手をし、最後にもう一度おじぎをする。

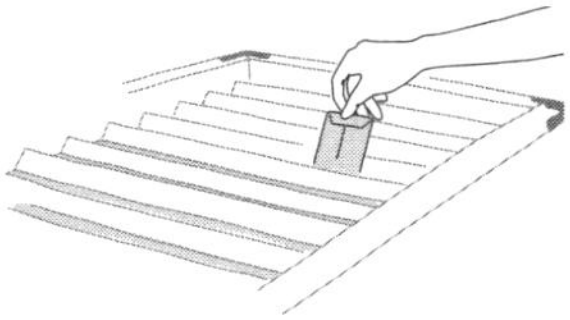

お賽銭の入れ方

ポチ袋入りのお賽銭をすべらせるようにして入れる。

ワンポイント

正中を横切るときはおじぎを

本殿中央から伸びる光のライン(正中)を横切るときは、一旦立ち止まり、本殿のほうに向かって、軽くおじぎをしてから。

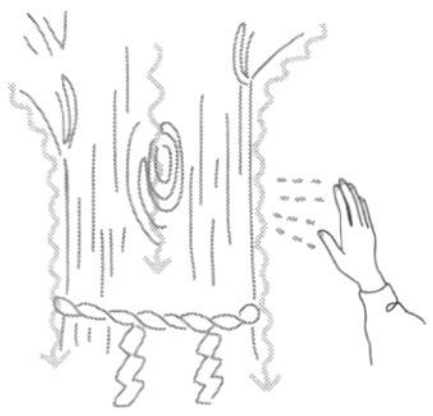

石や木からパワーチャージ

石や木から数cm～ 20、30cm離れた辺りに手をかざし、エネルギーチャージ。基本、直接触れてはいけない。

ご祈禱を受ける

時間があれば、ご祈禱を受け、神主さんの力を借りて邪気や穢れを落とし、神さまに願い事をつないでもらいましょう。

鳥居を出るとき

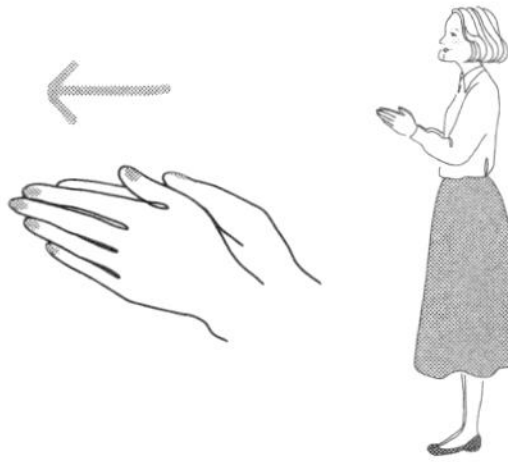

祝詞を唱える

神前では目を開けて、指先を前に向けた合掌スタイルのまま、「はづき式祝詞」の作法に従って、祝詞を唱える。

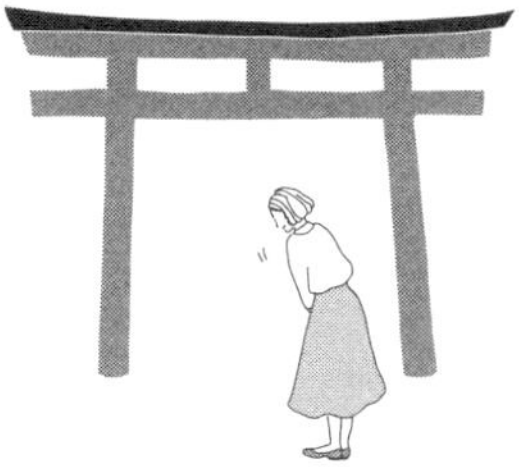

神社から出るとき

鳥居を出たあと、本殿の方を振り返り、軽く一礼。神社で受けたご神気を持ち帰りたい場合は、左足からそろりと出る。

はづき式祝詞

神様のご開運を祈る

「○○神社の大神さま、いや、ますますのご開運をお祈りいたします」

住所、氏名を述べる

「○○県（都・道・府）○○市（区）○○町（現住所）から参りました、○○○○（フルネーム）と申します。本日はここに、こうして参拝させていただけますことを、心より感謝いたします」

祝詞を上げる

「荒魂（あらみたま）、和魂（にぎみたま）、幸魂（さきみたま）、奇魂（くしみたま）。祓えたまえ、清めたまえ。守りたまえ、幸（さき）はえたまえ」（2度、くり返す）

「かんながら、たまちはえませ。かんながら、たまちはえませ。かんながら、たまちはえませ。かしこみ、かしこみ、申す」

自らの決意を宣言する

（独立起業する場合の一例）「この度、私○○○○（フルネーム）は、○月○日に『株式会社○○』を設立し、独立起業します！　初年度の売上目標は1億円。これを達成できるよう精一杯がんばりますので、応援・後押しのほど、どうぞよろしく、よろしくお願いいたします！」

三拍手と一礼で締める

宣言後、目をつぶり、しばし瞑想するのはOK。最後はニッコリ笑顔で

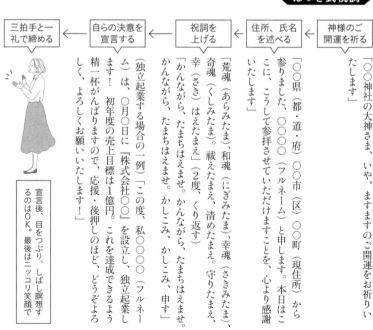

第4章

神さまに、もっと愛されるコツ

32

「お守り」は、「携帯可能なミニ神社」

さて、ここからは神社で購入できるグッズの意味や扱い方について解説していきましょう。

まず、大定番の「お守り」ですが、これは「携帯可能なミニ神社」です。

「お守り」の中は、神社のシンボルである、小さな「お札」が入っています。それをキレイな袋で包んであるのは、神社の本殿と神社全体の関係と同じこと。

「お守り」の中の「お札」が本殿であり、それを包んでいる袋が神社の建物。神社全体を模したものだと言えるでしょう。

ですから、「お守り」を持ち歩くということは、神社を持って歩いているのと同じ。

遠くにある神社まで参拝するのは、確かになかなか大変。そんな神社を肌身離さず、手軽に持ち歩けるのは、心強く、安心感もありますが、そこにはデメリットもあることを忘れてはいけません。

そのデメリットとはズバリ！　あなたにとっての神社の価値が下がること。「神社の価値が下がる」＝「内なる神である自分の価値が下がる」ことになりかねません。「お守りでいつでも守られているから、参拝しなくても大丈夫」「ワザワザ遠くの神社まで行かなくても、お守りがあるからいいんじゃない」となると、「お守り」の本来の意味から外れ、本末転倒になることも。

「お守り」は、神社そのものではありません。あくまで携帯用のミニ神社。「お守り」を持ち歩くことで、その本体である神社とつながっている状態をつくることが、「お守り」本来の意味、目的。つながる先は、「お守り」そのものではなく、「お守り」を介してつながっている神社本体のほうだということを忘れてはいけません。

実際、車のフロント部分に、たくさんの交通安全の「お守り」をぶら下げているような方もおられますが、「お守り」の数がたくさんあれば、効果が高まるというわけではありません。それはむしろ、逆。

本来はひとつで十分なはずなのに、たくさんの違う神社の「お守り」をぶら下げるというのは、神さまの力＝「内なる神」である自分の力を信じていないということ。交通安全を強く願って、たくさん「お守り」に頼ろうとすればするほど、「自らの運転技術を信じていない」「交通事故を恐れている」という潜在意識が強くなり、結果的に交通事故を引き起こしやすくなるので、要注意です。

「お守り」があるから大丈夫と、シンプルに信じられればよいのですが、どうしても手軽に買える「お守り」は、その価値も軽くなりがち。それをカバーするために、あっちこっちの神社の「お守り」を集めようとするのは、自らそのパワーを信じていない……、疑っているという証拠になるので、よくよく注意が必要です。
ちなみに「お守り」の有効期限は、約1年。本来は1年毎に古いものを神社に返しに行き、新しいものに買い替えることで、その効果が持続するのです。

愛され参拝法のワンポイント

たくさんの「お守り」を集めるコレクターになるのは、NG。持つのなら、ここ！　という神社を決めて、絞り込むこと。さらに1年毎に、更新するのも忘れずに。

33

「おみくじ」は、「神さまからの気づきのメッセージ」

神社と言えば、「おみくじ」ですね。「おみくじ」を引くために、「おみくじ」を楽しみに、神社を訪れる方も珍しくないでしょう。

しかし残念ながら、「おみくじ」の本当の意味や、本来の使い方を知っている人は、ほとんどいないのが実情です。

「おみくじは、大吉が出るまで引く」という方も、おられます。

もちろん、それも個人の自由ですが、本来「おみくじ」は、そうした吉凶を占うための「当てもの」の類ではありません。

すべての物事に「たまたま」や「偶然」はなく、すべては「必然、必要、ベスト」

です。ましてや、「内なる神」と対面する場である神社で引く「おみくじ」が、偶然であるはずがありません。ですから、どんな内容の「おみくじ」が出たとしても、それが「必然、必要、ベスト」として真摯に受け止める姿勢が大切です。

「おみくじ」は、「内なる神」＝「あなた自身の潜在意識」からのメッセージです。ですから、「大吉」とか、「吉」とか、「凶」の文字に一喜一憂するのではなく、その中身をしっかり読むこと。そこには必ず、今のあなたに必要な気づきのメッセージが書かれているはずです。

さらに「おみくじ」は、その「番号」も要チェック。数字にはすべて、意味があります。数字の意味を読み解くためのメソッドが、私がまとめた「はづき数秘術」。

ここで詳細の説明は省きますが、「おみくじ」の「数字」も、もちろん「たまたま」や「偶然」ではありません。まずは、「おみくじ」の「数字」を「今、自分に必要なラッキーナンバー」と意識することが大切です。

すると、同じ「数字」をよく見るなど、その「数字」が引き寄せられ、運気の波にのりやすくなってくるでしょう。

さらに「おみくじ」を引いたあとは、神社の木などに縛って帰るということが一般的になっていますが、これも残念な習慣。せっかく神社の神さま、「内なる神」「自らの潜在意識」が気づきのメッセージを送ってくれているのに、それを放置してしまうのはもったいない。手元にやってきた「おみくじ」は持ち帰り、お部屋の中など、ひとりになれる場所で、心を落ち着けて、再度読み返してみることをおすすめします。

すると、神社の中で読んだときの印象と違うかもしれませんし、神社の中では気づかなかった大事なことに気づけるかもしれませんから……。

もちろん、「おみくじ」を、ひとつのイベント、アトラクションとして割り切って楽しむのもいいでしょう。ただ、そのときも、ちゃんと意図をもって「おみくじ」を引くこと。できるだけシンプルに、「ＹＥＳ・ＮＯ」で答えられる質問を用意して、その「答え」を聞く……という形で「おみくじ」を引いてみると、意外な「答え」が返ってきて、きっと盛り上がること請け合いです。

愛され参拝法のワンポイント

神社で引く「おみくじ」は吉凶を占うためのものではなく、「内なる神」からのメッセージだととらえるべし。持ち帰って、ひとり静かに読み返すと、新たな気づきがあるかも。

34

「絵馬」は、神前で神さまと交わす契約書

あくまで個人的な意見ですが、神社の「絵馬」は実におもしろい（笑）。「絵馬」を見れば、人々がなんのために神社に来ているのか……、どんな望み、願望を叶えて欲しくて神頼みをしているのかが、はっきりとわかります。

ただ、何度も言っているとおり、神社は願い事をしにいく場所ではありません。ここを理解しておかないと、「絵馬」の効果も半減するというか、むしろ逆効果になることさえあるので、注意が必要です。

「絵馬」とは、神前で神さまと交わす契約書のようなもの。言葉で宣言するより、手書き文字で書き残すほうが、重要度が増すことはわかるでしょう。

そもそも「書く」とは、「火久」。「火のように強いエネルギーを久しく残す」というのが、「書く（＝火久）」という行為です。それを神社の神域で行い、さらに「絵馬」の形でぶら下げて残しておくのです。これが、書いた本人にどれほど強いエネルギーを及ぼすことになるのかは、きっと想像がつくでしょう。

神社でするのは、「感謝と宣言」。このルールに則ってみれば、「絵馬」に何を、どう書くべきかも、自ずとはっきりしてくるはず。

「絵馬」に書くのは、「願望」や「願い事」ではありません。

たとえば、「結婚できますように」とか、「合格しますように」と書いてしまうと、「そうなっていない状態」が強く久しく残ります。その「絵馬」を書いた本人はもちろん、それを見た人も、「この人は結婚したいんだな（＝まだ結婚していないんだな）」「合格したいんだな（＝まだ合格していないんだな）」と認識するでしょう。

その「絵馬」が神社にぶら下げられている限り、そうした未完了の思いのエネルギーが、書いた本人のところに返ってくることになるのです。それで果たして結婚や合格が本当に引き寄せられてくるかは、甚だ疑問です。

「絵馬」に書くのは「宣言」ですから、「結婚します！」「合格します！」、或いは「結婚できました！」「合格しました！」です。それに「感謝」の言葉、「ありがとうございます」が添えられればバッチリです。

こうした未来の願望を「完了形」で言い切ることを、「予祝《よしゅく》」と言います。「予め、先に祝う」という意味の言葉ですが、「絵馬」を書くならこの「予祝」を活用することをおすすめします。たとえば、こんな感じ……。

「神さまとみなさんの後押しのおかげで、無事結婚でき、幸せな結婚生活を送れています。おかげさまです。ありがとうございます」。これが「予祝」です。

「そうなる！　そうなった！」と言い切ってしまっているので、そうなるしかありません。日本中の神社に、こんな「絵馬」がかかる、私の夢が実現しました！（笑）

愛され参拝法のワンポイント

「絵馬」に書く願望は、「完了形」で言い切ること。未来の夢を「予め、先に祝う」＝「予祝」の手法を活用すれば、望む未来が引き寄せられる。

35

「御朱印帳」は、あなただけの「マイ・お札」

元号が「令和」に変わった2019年5月1日、明治神宮で「御朱印」を受けるための待ち時間が、10時間に及んだことがニュースになりました。それぐらい、神社で「御朱印」を集めることが、ひとつのブームになっていることは確かです。

「御朱印」とはもともと写経を奉納した証としてお寺からいただく証書を指すものだとか。「あなたはちゃんと修行（＝写経）をしました」という証明書であり、修了証のようなもの。それがお寺だけでなく、神社にも広まったと考えられています。

いわゆる、スタンプラリーのように「集める」ことが目的のものではないのですが、今は「御朱印」をもらうために神社に行くという人も増えているようです。

理由はどうであれ、個人的には神社参りに行く人が増えるのは喜ばしいことだと思います。ただ、「御朱印」は、あくまでその神社を参拝した証としていただくものなので、「参拝ありき」だということを忘れてはいけません。参拝もろくにせず、「御朱印」だけもらって次の神社へ急ぐ……という態度では、残念です。

「御朱印」には、確かにその神社を参拝したという受付証のような役割もあります。しかし、「御朱印」本来の意味は、あなただけの「マイ・お札」を授かることにあると、私は思っています。神社ではその神社のお札が販売されています。お札は、その神社の象徴、シンボル。神さまの代わり、依り代です。神社でいただいてきたお札は、お家の神棚に納めて、それに向かって祈りを捧げる大切なものです。

神社で買えるお札は基本、みんな同じもの。それに対して、「御朱印」はあなただけの「お札」なのです。値段の高い、安いの違いもありますが、どちらのほうがよりパーソナルで、より希少性が高いかは誰でもわかるはず。そんな大切なものをいただいて、「もらいっ放し」というのは、いかがなものかと思います。

「御朱印」をいただいてきたら、神棚などに置いて、それに向かって毎日感謝の祈りを捧げる。その対象になるのが「御朱印」であり、「御朱印帳」本来の意味です。

神社でいただくお札は、年に一度ぐらいのペースでお礼参りに行き、古いお札をお返しして、また新しいお札をもらってくるというルールがあります。

よりパーソナルな「マイ・お札」である「御朱印」も、基本は同じ。「御朱印」をいただいたら、定期的にお礼参りに行って、また新しい「御朱印」をもらってくるという循環があって初めて、「御朱印」の価値・効果が高まってくるのです。


ですから、スタンプラリーのような、軽いノリで「御朱印」を集めるのは、ちょっと見直したほうがいいかも。二度と訪れることがないような神社で「御朱印」をもらうより、「この神社が好き！」「この神さまとつながりたい」と感じた神社に絞って「御朱印」をいただき、その神社にくり返し参拝して、常に新しい「御朱印」にリフレッシュしていくほうが、神さまとのつながりも深くなるのでおすすめです。

愛され参拝法のワンポイント

「御朱印」は、大事にしまっておくものではなく、お札の代わりとして祈りを捧げる対象物。本当に好きな神社でくり返しもらうことで、パワーアップを図るべし。

36

「神棚」は、神社の出張所、出先機関

あなたのお家に、「神棚」はありますか？

「神棚」を置いて、そこに向かって毎日手を合わせるのは、どうも宗教っぽくてと、敬遠される方もおられるでしょう。洋風化するインテリアと「神棚」はミスマッチで置き場所がないと、あきらめている方も多いのでは？　ただ、そういうデメリットを考えても、開運したいのなら家に「神棚」を置いたほうがいいと私は思います。

「神棚」は、「マイ神社」です。そこを目がけて神さまが、天から、宇宙から降りてくるのです。神さまが降りてくるときの目印になるのが、「神棚」であり、「神棚」があることによって、その場所に神さまが鎮まることができるようになるのです。

日本の八百万《やおよろず》の神々はすべて、ネットワークでつながっています。全国の神社は、その中継地点であり、支所や支店のような役割を果たしています。お家に「神棚」を祀るのは、その神社ネットワークの端末を、お家の中まで引き込むようなもの。常に八百万の神々とつながることができる、「神さまの出張所」をもつのと同じです。

日本家屋の原型は、神社を模したものだと言われています。神社を模した日本の家には、神さまが宿ります。家の中で裸足になる日本人は、自分の家を聖域にして、神さまと一緒に暮らしたいのです。ところが「神棚」がないと、せっかく降りてきてくれた神さまが鎮まる場所がありません。「神棚」がないと、あなたのお家を目がけて降りてきた神さまが、「神棚」のある隣の家に移ってしまうかもしれません。

住宅事情はそれぞれなので、いきなり大きな「神棚」を祀ることは、物理的に難しい場合もあるでしょう。その場合は、壁掛け型の簡易式の「神棚」もあります。そこに神社でもらってきたお札を納めることで、八百万の神さまネットワークの端末が開通すると思ってください。せっかく、神社で「お守り」や「お札」「御朱印」をいただいてきても、お家の中でそれらを納める場所がないと、やはり神さまはその場所に鎮まることができません。そういう意味では、もらってきたお札を裸のまま置いておくのは、非常にもったいない。ぜひ、神さまのちゃんとした居場所を確保するためにも、小さくてもよいので「神棚」を祀ることをおすすめします。

「神棚」を祀ったら、お水を変えることを毎日の習慣にすること。そして、「神棚」の前で手を合わせ、感謝を捧げる。それが、日常の祀り事であり、神事になります。

これを大掛かりに、決められた様式に沿ってやっているのが、神社のお勤めです。ですから、毎日「神棚」の水を変え、手を合わせるだけで、私たちも神事を執り行う神職・巫女などと同じ役割を果たすことになるのです。

一日に一度、ほんの数分でもいいので、目には見えない何か大きな存在に対して、感謝の祈りを捧げる習慣をもつことが、人生にどれほど大きな実りをもたらしてくれることか……。「神棚」効果には、あなたが想像する以上の大きな恩恵があるのです。

愛され参拝法のワンポイント

どの家にも降りてくる神さまが鎮まる場所が「神棚」。家の中に「神棚」を祀り、日々祈りを捧げることで、自宅と八百万の神々との光のネットワークがつながるのです。

37

「初詣」より、何倍も神さまに喜ばれる「年末のお礼参り」

神社と言えば初詣。全国の神社が発表する初詣をする人の数を単純に合計すると、2億人を超えるというデータもあり、日本人ひとり当たり2社以上の神社に初詣に行っている計算になります。

もちろん、初詣はひとつの年中行事として単純に楽しめばよいのですが、本気で神社で開運したいと願うのならもっといい方法があります。

私のおすすめは、ズバリ！「年末のお礼参り」です。

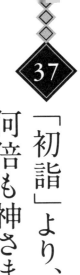

初詣者数、全国一位の明治神宮には、正月三が日で300万人を超える初詣客が訪れると言われます。一日100万人以上。はっきり言って、これでは願い事どころではないでしょうし、神さまと静かに向き合うことなど夢のまた夢。参拝するほうも、それを迎える神社側も、疲れてしまうのは避けられないかもしれません。

しかし、わずかその数時間前。たとえば、大晦日の昼間であれば、びっくりするほど空いています。もちろん、神域内はきれいに掃き清められており、華やかな飾りつけもされており、お正月を迎えるための準備は万端。そうやって整えられている場所を、押し合いへし合いすることもなく、サクサクと本殿までたどり着けます。

そこでするのは、新年の挨拶ではなく、「年末のお礼」です。

「○○神社の大神さまのおかげで、今年も一年、こうして無事にうれしく楽しく幸せに過ごすことができました。心より感謝いたします。誠にありがとうございました。きたるべき新しい年もまた、うれしく楽しく幸せに過ごせますよう、どうぞよろしくお願いします」という感じの「祝詞」を上げて、神さまに一年間のお礼と感謝、そしてきたるべき新しい年への祈願とご挨拶を一度に済ませてしまうのです。

はっきり言って、この「年末のお礼参り」の効果は絶大です。

私の場合、毎年11月ぐらいから、ご縁のある神社にお礼参りに出かけます。「お礼参り」のメリットは、まず参拝する人が少なくてゆっくり参拝できますし、当然、神さまのほうも余裕があるので、こちらの思いも通じやすくなります。さらに、初詣で大勢の人からお願いされる前に、「ありがとうございます」と一年間の感謝を伝えにいくのですから、神さま側から見てもその差は歴然。年始の「初詣」と、年末の「お礼参り」の、どちらのほうがご利益があるかは誰でもわかるでしょう。

初詣に行く場合は、参拝というよりレジャーとして楽しめばいいのです。改めてきちんと新年のご挨拶に行きたいのなら、節分ぐらいまでをメドに、空いている時間を見計らって参拝することをおすすめします。

いずれにしても、初詣も「～ねばならない」でするものではないので、そこはもっと柔軟に考えてみませんか？　そういう意味で「年末のお礼参り」は、あなたも、神社側も、そして神さまも「三方よし」となる、最高の参拝方法だと私は思います。

愛され参拝法のワンポイント

初詣にこだわらない。初詣は、年中行事・レジャーのひとつととらえ、「年末のお礼参り」を優先することが、神さまに愛され、開運するための神社参拝のコツ。

38

「着物」は「氣の物」。神さまにえこひいきされる着物参拝

神社参りのときの服装は、基本フリー。「こうでなければならない」という制約は特にないので、自分らしい装いでいいでしょう。ただ、ここぞというときの目安として、学校の恩師や会社の上司など、目上の大切な人に会いに行くときの格好を思い浮かべてもらうといいでしょう。

中でも私のおススメは着物です。着物は、日本の文化です。今では和装の人はごく少数となりましたが、着物には着物のよさ、特徴があります。

着物と洋服のいちばんの違いは何か、わかりますか？　それは、ひとつにつながっているか、それとも上下で分かれているかです。もちろん、洋服でもワンピースのように一枚につながっているものもありますが、着物のようにひとつの反物からすべてできているフォーマルな民族衣装は珍しいと言えるでしょう。

日本の着物は、「氣の物」。「エネルギーをカタチにしたもの」という意味です。日本人の気質、エネルギーに合わせてつくられた衣装が、着物です。

先述のとおり、日本語は上（天）から降ってきた言葉です。日本人は常に神さまを感じて暮らしたいと願う民族なので、身につけるものも氣の流れを大切にします。上（天）から降ってくる神さまのエネルギーを、滞りなく上から下まで流れるように考えてつくられたものが、着物です。だから、上下でセパレートされることがなく、ひとつにつながった反物からつくられているのだと、私は考えています。

そんな着物を着て参拝すると、当然、神社の神さまの氣を受け取りやすくなります。

また着物は帯も大事。男性の着物の帯は、おへそから指3本分下にある「丹田」を中心に締めます。ここが「肚《はら》」とか、「肝」と呼ばれる部分。そこを帯でギュッと締めることで、「肝がすわる」「肚をくくる」ことができるようになるのです。

女性の着物の帯は、みぞおちの部分を中心に締めますが、ここは「第三チャクラ」と呼ばれる部分。「第三チャクラ」は「感情のチャクラ」とも呼ばれています。女性は感情の生き物だと言われますが、ここを日本帯で締めることで、感情が安定すると言われます。昔の日本女性の肝っ玉がすわっていたのは、帯のおかげかもしれません。

このように和装は、継ぎ目のない一枚の着物で、天からのエネルギーを全身に行き渡らせ、帯を使って、人として生きるための横のエネルギーをグッと締めるという構造になっているのです。

何より、神社でご奉仕する神官や巫女さんは基本、和装。それが神さまにお仕えするに相応しい装いだからです。その神職の方と同じ和装で参拝することで、神さまとよりお近づきになれます。和装で参拝する人は圧倒的に少数ですから、目立つこと間違いナシ！　神さまにえこひいきされたいのなら断然、和装参拝がおすすめです。

愛され参拝法のワンポイント

着物を着る機会があれば、ついでに？　神社を参拝すべし。着物での参拝は、神さまからのエネルギーを受け取りやすくなり、神さまに歓迎されること請け合いです。

39

初めて訪れる土地では、まずはその土地の神社にご挨拶

日本には、8万社を超える神社があると言われています。今では、全国どの街に行ってもコンビニを見かけますが、そのコンビニの数は約5万軒。コンビニよりも、神社の数のほうがはるかに多いというのが、日本という国なのです。

あなたが旅行や出張で、初めての土地に着いたとき、まず意識して欲しいのが、その土地の神社を探すこと。先述のとおり、すべての神社はネットワークでつながっていますから、あなたがその土地を訪ねることも、神さま側は事前に把握しています。

仕事であれ、プライベートであれ、初めての土地を訪れるときは、その土地の氏神さまにご挨拶をしておくと、それ以降の予定がスムーズに進むことになるでしょう。日帰りであればそれほど気にすることもありませんが、その土地で飲み食いし、一泊でもするとなると、やはり「一宿一飯」の恩義が発生します。人が寝ているとき、魂はあの世に還り、魂が抜けた身体のほうは、その場所、その土地に根差した神さまによって、祓い清められることになるからです。

その土地で活動し、その土地の人とご縁を結び、その土地の美しい風景を愛《め》で、その土地の恵みをいただけるのも、すべてその土地を守ってくださっている神さまのおかげです。そうやって、知らず知らずのうちに、その土地の神さまにお世話になることになるのですから、初めての土地で泊まる場合はできるだけ、その土地の神さまにご挨拶をしておくことをおすすめします。

通常の神社参拝の手順に加えて、「○○（現住所）から参りました、○○○○（フルネーム）と申します。本日から〇日間、こちらの土地でお世話になります。どうぞ、よろしくお願いします」ぐらいのご挨拶でＯＫ。それをその土地の氏神さまや目についた神社に参拝して祈るだけで、神さまのサポートが得られ、その土地での滞在がグッと有意義なものになり、ラッキーも起こりやすくなるのでおすすめです。

さらに、もしその土地が地元の知り合いがいるなら、その人と一緒に参拝できれば、さらにご利益がアップします。何か目的があって、参拝しにいく場合は「ひとり参拝」がおすすめですが、知らない土地の神さまにご挨拶に行く場合は、紹介者があったほうが話がよりスムーズに進むのは、人間社会と同じこと。これは紹介した地元の人にも、紹介されたあなたにも、双方にメリットがあるのでおすすめです。

初めて訪れた場所であっても、コンビニの数より神社のほうが多いのですから、ちょっと注意しておけば、神社は必ず見つかるはず。小さな神社なら、鳥居をくぐって、本殿でお参りして、出てくるまで、ほんの数分で終わるでしょう。そのわずか数分の手間を惜しむかどうかで、その土地での滞在の成果が大きく左右されることになるのです。大げさではなく、このちょっとした手間があなたの人生を変えることになる可能性だってあるということを、ゆめゆめ忘れることなかれ……です。

愛され参拝法のワンポイント

初めて訪れる土地で寝泊まりする場合は、地元の神社にご挨拶を。その土地の人と一緒に行くと、さらにGOOD。このひと手間が、あなたの人生を左右することになるかも。

40 神社の「格」を見極めるコツは、ズバリ!「掃除」にあり!

全国に8万社以上あると言われている神社ですが、神社業界? もご多聞にもれず、超高齢化問題や後継者問題で、存続の危機に直面しているところも少なくありません。

神社は基本、大事な「場」に建てられています。その理由は2つ。ひとつは、「そこがエネルギーに溢れた素晴らしい場所だから、その美しさを守るため」。もうひとつは、「そこは災いが起きやすい場所なので、そこをきれいに保つことで、災いを封印して守るため」。

いずれのケースにおいても、大事なことは「きれいに保つ」ということ。つまり、神社内の掃除が行き届いているかどうかが、重要な鍵を握ることになるのです。

神社にある「鎮守の森」を、自然林だと思っている方も多いようですが、ほとんどは人の手で植えられたもの。ちゃんと人の手が入って整えられ、掃除が行き届いているからこそ、いつも変わらぬ清浄な空気感が保たれているのです。

しかし、人の手が必要になるということは、お金がかかるということです。神さまにお金は必要ありませんが、神さまを守る人間は、生きていくためにお金が必要です。それを寄付という名のお賽銭だけで賄っていくのは、現実的に非常に厳しいのが実情で、それが現在の神社業界が直面している問題でもあります。

……で実際に、人の手が入らなくなった神社は、すたれていきます。

「掃除が行き届かない」→「穢れる（＝氣が枯れる）」→「人が来ない（＝人気がなくなる）」→「経済的に困窮」→「さらに掃除が行き届かなくなる」という悪循環に陥ります。

すると、神社で封印していた「穢れたモノ（いわゆる、邪気、悪霊、祟り神の類）」が解き放たれ、その土地に災いをもたらすことになるかもしれません。

神社の「格」は、「掃除」で決まります。

その神社に、ちゃんと神さまがいらっしゃるかどうかの見極めは、「掃除」にあります。掃除が行き届いている神社には、ちゃんと神さまがおられますが、掃除が行き届かなくなると、そこにいた神さまがその場所を離れていくのです。

もともとは素晴らしい場所だったのに、人の手が入らなくなることで、神社自体が「穢《けが》れ地《ち》（＝氣が枯れた場所）」になってしまうこともあるので、要注意です。

いわゆる「パワースポット」と呼ばれる場所であっても、そうした「穢れ地」になってしまっている場所もあるので、掃除の状況をよく見極めてみてください。

神社は日本の文化であり、日本という土地を守るための結界のネットワークです。

その大事な神社ネットワークを守るためにも、多くの人が神社に足を運び（＝人気が出る）、感謝と労いの気持ちを込めてお賽銭を納め（＝寄付をする）、神社の聖域を汚さないよう心がけ、神職の方が安心して神事（＝掃除をして、場をきれいに保つ）に励めるような環境を共につくっていくことが大切だと、私は思います。

愛され参拝法のワンポイント

神社の「格」は、掃除で決まる。日本を守る神社のネットワークを維持することも、私たち日本人の大事な仕事。神域を掃除してくれている人への感謝と労いを忘れないこと。

41

家の中でいちばん大事な開運スポットは、ズバリ！　寝室です

神社で祓い、清められ、生まれ変わった気持ちで家に戻ってきても、家がゴミ屋敷のようになっていては、せっかくの神社効果も、アッという間に半減？　消滅？

神社での生まれ変わり効果を持続しようと思えば、やはりお家の中も、そうじと片づけを徹底しなければなりません。理想は、神社のようなそうじが行き届いた、整えられた空間ですが、正直、日々生活している場をすべて、神社のように整えるのは、至難の業だと言えるでしょう。

ではお家の中を神社のようにきれいに整えるためには、どこから手をつければよいのでしょうか？

答えはズバリ！　寝室です！

神社は、生まれ変わるための場所です。

では、お家の中で生まれ変わるための場所と言えば、そう……寝室です。

「寝る」ということは、「死ぬ」ということ。朝、「起きる」ということは、この世にもう一度、「生まれてくる」ということです。眠っている間に、魂は身体から抜け出て、あの世に行って、クリーニングされて、翌朝この世に戻ってくるのです。

これはまさに、神社に参拝するのと同じこと。

そして、魂が抜けた身体のほうは寝ている間に、その家に降りてきている神さまが、メンテナンスしてくれるというしくみです。その家に降りてくる神さまの「格」を決めるのが、やはり神社と同じく、そうじなのです。家の中がどれくらいきれいに片づいているかで、その家に降りてくる神さまの「格」が変わるのです。

ですから、家の中を神社のような聖域にしたいと思うのなら、まず寝室を徹底的に片づけることです。高級ホテルのお部屋のような、寝具以外はほとんど何もないような空間が理想です。寝室が神社のように清々しい空間になれば、外で少しぐらい邪気が憑いたとしても、ひと晩眠れば、すっきりリセットできるはず。

それだけに、寝具はまめに洗濯して常に清潔に。パジャマは「死に装束」ですから、人に見られても、恥ずかしくないようなきちんとしたものを。

押し入れやクローゼットの扉が開けっ放しになっていたり、洋服や洗濯物が出しっ放しになっていたり、ふすまや障子が破けていたり、ゴミが散乱しているような状態だと、貧乏神や疫病神に添い寝されることになるので、要注意です。

寝る前に、お風呂に入ったり、シャワーを浴びたりするのは、生まれ変わるために「羊水」に浸かったり、赤ちゃんが「産湯」を使うのと同じこと。これも、神社でお手水を使うのと同じ意味合いです。

日本人は古くから、こうした「生まれ変わりのしくみ」がわかっていたからこそ、神社のしくみと同じような、こうした生活スタイルが定着したのかもしれません。

そう、我が家の寝室を神社のような聖域にすることこそ、開運の極意です。

愛され参拝法のワンポイント

我が家の寝室こそ、日々「生まれ変わる場所」。まさに神社のしくみと同じこと。寝室を神社のように美しく整えられれば、間違いなく開運効果が倍増します。

42 その場の穢れを一瞬で浄化する「柏手の作法」

自分自身やその場所を清めるためには、「掃除」がカギを握るということは先述のとおり。では初めて訪れた場所やホテルやお宿の部屋、あるいは職場など、自分ではどうしようもない場所を清めるためには、どうすればよいのでしょうか？

まず大事なことは、「なんとなくイヤだな」と感じた場所には、近寄らないことがいちばんです。ホテルやお宿で部屋を案内してもらったとき、いちばん最初に足を踏み入れた瞬間、「なんとなくイヤだな」と感じたら、思い切って「違う部屋は空いていませんか？」と尋ねてみることをおすすめします。

案外、すんなりお部屋を変えてくれることもありますから……。

その上で、その部屋にお世話になることが決まったら、その場をできるだけ自分仕様にして、快適に過ごせるよう工夫しましょう。そのときおすすめしたいのが、「柏手の作法」です。そう、神社の神前で、パンパンと手を叩く、アレです。

ただし、神社でする柏手は、自分がお参りに来たことを神さまに知らせる合図の意味合いが大きいのですが、ここでする柏手は、まさに邪気を払い清めるため。

柏手は、パンパンという破裂音の「音霊」で、場を浄化する効果があります。

中国などアジアの国では、お祭りのとき爆竹を鳴らしたりしますが、あれも同じこと。バチバチという大きな破裂音で、邪気を払っているのです。

ですから、邪気払いのための柏手は、できるだけ大きく、いい音を鳴らす必要があります。そのためには左右の手をぴったり合わせるのではなく、右手を少し手前にズラし、左手の位置はそのまま。右手だけを動かして、左の手の平を叩くようにすると、いい音が出るようになります。

このやり方で、部屋の四隅に向かってそれぞれ5回ずつくらい柏手を勢いよく叩くと、場に憑いていた穢れや邪気が一瞬でとれるので、おすすめです。

その際、窓が開けられるのであれば、窓を開けておくこと。窓が開かない場合は、入り口のドアを開けておいて、柏手を打ったあと、窓やドアから邪気を掃き出すようなイメージで腕を振ると、さらに効果的です。

この「柏手の作法」は、場の空気を「音霊」で掃除しているのと同じこと。ですから、自分のお部屋や職場などでも、同じ効果が得られます。また煮詰まっている場の空気を変えたいとき、リフレッシュしたいときなどにも効果的。

柏手を打つことに慣れて、いい音が出せるようになると、浄化効果も高まりますし、当然、神社の神前でも、神さまとつながりやすくなるので、一石二鳥です。

柏手ひとつでも、少し意識してやると、大きな効果があることが実感できるはず。神社でする、こうした作法を日常の中に取り入れることで、さらに神さまとのむすびつきが強くなるので、積極的に取り入れてみてはいかがでしょうか？

愛され参拝法のワンポイント

場の穢れ、邪気を払うには、柏手を打つことが効果的。いい音を鳴らすためのちょっとしたコツを覚えておくだけで、浄化効果が高まり、さらに神さまとつながりやすくなる。

43

天皇陛下は日本最高位の神官であり、「トップ・オブ・ザ神職」

日本の神社界の頂点に位置するのは、伊勢神宮。ちなみに多くの人は伊勢神宮と言えば内宮だと思っているようですが、それは間違い。伊勢神宮とは、伊勢地方にある125社の総称です。内宮の正式名称は「皇大神宮《こうたいじんぐう》」と言い、天皇家の祖神に当たる「天照大御神」を祀る神社です。

歴史的事実かどうかは別にして、形式上「天照大御神」は、天皇家のご先祖さまに当たります。ですから、天皇家にとって伊勢神宮は神社でありながら、ご先祖さまを祀る菩提寺のような役割を担っていると言えるでしょう。つまり天皇陛下が神事を執り行うのは、国民の平和と安寧を祈ると同時に、連綿と続いてきた天皇家やご先祖さまに当たる神さまを守り、感謝を捧げるためのものでもあると言えるでしょう。

実際、神さまにお仕えする神職の中では、天皇陛下は最高位に位置すると認識されているそうです。ですから、天皇陛下のいちばんのお仕事は、「祈り」なのだとか。

天皇陛下として、さまざまなご公務がありますが、それはまさに「表のお仕事」。人々には見えない「裏のお仕事」、いわば本当のお仕事は、「トップ・オブ・ザ神職」としてさまざまな神事を執り行い、「祈り」を捧げること。これこそ、日本の天皇としての、いちばん大事なお仕事だと言えるのかもしれません。

天皇陛下は年が明けると、未明から皇居内の神殿で、四方拝という祈りを捧げられます。「新しい年も、この国の国民が平和に暮らせますように」と祈りを捧げるということですが、その際「もし、国民に何か大きな災いがあるのであれば、まず最初に私の身体を通してからにしてください」と祈られるそうです。

日本における最高位の神官である天皇陛下が毎年、元日の早朝に、「ありとあらゆる厄災は、自分の身にこそ降りかかれ」と祈っておられるのです。

これこそ、「言うは易く行うは難し」でしょう。とてもではありませんが、誰もができることではありません。しかし、そういう伝統が1千年以上の長きにわたって受け継がれているのが、日本という国なのです。それが日本国の象徴である天皇陛下のお仕事であり、この天皇陛下の在り方が、私たち国民の在り方や神さまとの関係性を決定づけることになっているのだと、私は思います。

現在の天皇陛下は、126代目となります。天皇家の祖神を祀る伊勢神宮は、125社。伊勢神宮に126社目はありませんから、天皇陛下や天皇家の在り方も新しい時代に入ったことは、間違いないものと思われます。

時代と共に「残すものは、残し。変えるものは、変える」でよいと思いますが、そうした議論をする前に、今一度、日本という国の歴史や成り立ち、日本における天皇制度、神道、神社の関係性などを、私たち日本国民がきちんと学び直す必要があると思うのですが、あなたはどう思われますか？

愛され参拝法のワンポイント

国民の象徴である天皇陛下が、最高位の神官であるということは、国民全員がその下に連なる神官、神職だということ。私たち日本国民がもっと神道、神社のことを謙虚に学ぶべし。

44

「令（＝霊）と和する」令和の時代は、まさに「女神の時代」

２０１９年5月1日から元号が改まり、「令和」時代が始まりました。「令和」の「令」という漢字は、「傘（＝大いなる者、神さま、王、権力者）の下に人がひざまずく」様子を表しているそうです。

また「令（れい）」は、「零（０）」「霊（＝目に見えない世界）」に通じます。つまり、「令和」という時代は、「誰の下にひざまずくか」、「目に見えない世界をどうとらえ、どう（調）和していくのか」が、問われる時代になると言えるでしょう。

日本は「神道」の国。神道のトップに位置する神さまは、「天照大御神」。本来、神さまに性別はないのですが、一般的に「天照大御神」は、女性神として認識されています。これに対して、世界三大宗教であるキリスト教、イスラム教、仏教（ほか信者数は仏教より多いが三大宗教には数えられないヒンドゥー教など）の開祖・トップは、全員男性です。その他の宗教でも、女性神がトップに位置づけられているのは世界的にも珍しく、日本ならではの特徴だと言えます。

そもそも、「生きながら『生まれ変わる』ための場のしくみ」である神社は、女性の身体、女性自身を表していると言われています。鳥居は「女陰」であり、参道は「産道」。精子として遡上し、本殿という「子宮」で「鏡」に映る「内なる自分」である卵子と受精、受胎し、「神」となり、もう一度、「産道」を通って、「神の子」赤ちゃんとして生まれ出るというしくみは、まさに女性の妊娠・出産の過程を表していると言えるでしょう。

私の専門の「数秘術」で見ても、今はまさに「男性の時代」から、「女性の時代」への移行期の真っ只中。西暦の最初に「1」がつく、1000年代は「男性性の時代」。「1」は「矢印、ベクトル」を表し、「男性シンボル、精子」を象徴します。

これに対して、2000年代は「2」の時代。「女性性の時代」です。「2」は「陰陽図」の真ん中の波線を表し、「女性シンボル、波型、割れ目」を象徴します。

この「1」から「2」への流れはもう後戻りはなく、今後さらに加速していくだけ。

そういう意味では、女性神をトップに掲げている日本が、「令和」時代に、世界に先駆け、女性中心、女性性優位の社会を創っていくことになるのかもしれません。

そのとき、ポイントになるのが、「零（0）」であり、「霊（＝目に見えない世界）」との関係性です。「1」から「2」に移行する前に、一旦「0（零）」に戻すのが、「令和」という時代の役割。「霊（＝目に見えない世界）」と「（調）和」できるかどうかが、「令和」の波にのっていけるかどうかを分けることになるのでしょう。

こうした時代の変化を敏感に感じ取っているからこそ今、全国の神社に女性が殺到しているのでしょう。神社のしくみを活用して、「女神」として生まれ変わりたい……というのが、女性が潜在的に神社に惹かれている理由だと、私は思います。「令（＝霊。目に見えない世界）と（調）和する」令和の時代は、「女神の時代」。

もう、この流れを止めることは誰にもできません。

愛され参拝法のワンポイント

21世紀は、女性神である「天照大御神」をトップに掲げる、日本の時代。「令和」時代は、神社で女神に生まれ変わった日本の女性が、世界をリードしていくことになる。

＼これであなたも神社通！／

はづき式「浄化・覚醒・開運」神社3分類活用法

一般的に神社は「神さまにお願いするところ」と認識されています。だから金運や恋愛運、縁結び、合格祈願、無病息災などの願い事によって、ご利益のある神社が変わります。

確かに八百万の神々は、それぞれ得意分野や役割が違いますから、その役割に応じて、神社を願い事で使い分けるのは間違いではありません。しかし、ここまで本書をお読みいただいたみなさんなら、もうおわかりのとおり、神社は願い事をしにいく場所ではありません。ですから、「金運なら、○○神社」「縁結びなら、△△神社」という安易なカタチで、願い事別に神社をおすすめすることはできません。

神社は「内なる神」と出会い、「生まれ変わる」ための場所です。そこですべきは、「浄化・覚醒・開運」の3つです。

まず最初のステップが、「浄化」。日頃の穢れを祓い、身を清め、整えること。これができていないと、どんなに「いいこと（＝開運）」が降り注いできても、手放しで受け取ることができません。

次に「覚醒」。「本当の自分」と出会い、気づき、生まれ変わること。自らの宿命や運命を受け入れ、自分の才能や特徴、使命や天命に気づくこと。そうして初めて、本当の人生を自ら生きていくことができるのです。

そして最後の仕上げが「開運」。自分の運命、使命がわかって初めて、人生の方向性が定まり、「○○します！」という宣言ができるようになるのです。

ですから、神社もこの「浄化・覚醒・開運」という3つのステップに応じて、使い分けることを私はおすすめします。

海や山など、大自然の中にある神社は、「浄化」のパワーが強い神社です。「覚醒」を促す神社は、やはり特別な場所にある、スペシャルな神社です。そして、あなたの才能や使命を後押ししてくれる「開運」効果のある神社は、わりと身近な街中にあります。いずれにしても、この「浄化」→「覚醒」→「開運」という3ステップの順番が大事なポイント。

この循環を何度もくり返していくことで、あなたは神さまに愛され、ますます自分らしく輝き、より幸せになっていくのです！

はづき・おすすめ
超浄化
神社

「厳島《いつくしま》神社」（広島県廿日市市）

個人的には、大自然に囲まれた「浄化」神社が大好きです。中でも海と山が、これほど見事に調和した神社は、やはりここ、厳島神社をおいて他にありません。

なんと言っても社殿が海の上に立っており、日々潮の満ち引きによって、浄化されているので、浄化効果は満点。

さらに対岸の山々と、後ろにそびえる、神の山・弥山《みせん》から降りてくるエネルギーが交わる神殿内の桟敷先端に立つ灯籠辺りは、海と山のエネルギーが交差する最上の浄化スポットです。厳島神社がある宮島内にはお墓がないというのも、不浄なエネルギーを寄せつけない理由。

もうひとつ、後ろにそびえる弥山にも、ぜひ訪れて！　弥山の山頂近くにある「御山《みやま》神社」。ここの巨石の上は、最高のリセット・浄化スポットです。

はづき・おすすめ
全国の
【浄化】
神社

「浄化」を担当する神社の特徴は、山自体がご神体だったり、海や川に隣接し、大自然に囲まれているところ。そんな「浄化神社」として、私がおすすめできる五社をご紹介しましょう。

「**北口本宮冨士浅間神社**」（山梨県富士吉田市）。こちらは富士山の麓、富士山をご神体として奉り、凛とした参道と男女のエネルギーを象徴する巨大なご神木が特徴。中でも私のおすすめは、本殿右奥の富士山の登山口に当たる場所。ここは富士山の入り口であり、富士山からのパワーを直接、受け取れる場所なので、浄化効果満点です。

「**戸隠神社**」（長野県長野市）。「宝光社」「火之御子《ひのみこ》社」「中社」「奥社」「九頭龍《くずりゅう》社」という五社から成る神社です。中でも圧巻は「奥社」に続く、約2キロの参道。この中間地点にある「随神門」以降の杉並木が特に素晴らしい！　このピンと張りつめた清浄な空気感は、誰でもわかるはず。元々、修行の山、霊山として信仰を集めていたというのも、うなずけます。

「**白山《しらやま》比咩《ひめ》神社**」（石川県白山市）。全国に2000社以上ある白山神社の総本社として有名ですが、ここの参道も美しく、素晴らしい！　縁結びの神さまとして有名な菊理媛尊（くくりひめのみこと）を祀っていますが、悪縁や悪習、悪い流れを断ち切る浄化・リセット効果も抜群です。

「**宗像大社**」（福岡県宗像市）。宗像三女神を祀る神社の総本社として有名です。ここは本殿奥にある「高宮祭場」を、ぜひ訪れて。宗像三女神の降臨地と伝えられる全国でも数少ない古代祭場ですが、ここはすごい！　何もない空間なのに、確実にエネルギーが感じられるはず。この前で手を合わすだけでも、浄化・リセット効果が高まります。

「**箱根九頭龍神社**」（神奈川県足柄下郡箱根町）。芦ノ湖のほとりにひっそり佇む、小さな神社ですが、そのパワーを求めて、全国、全世界からの参拝者が後を絶ちません。ここは富士山から流れてくる「龍脈」が吹き出す場所。船で湖上から訪れるのがおすすめ。「箱根神社」「箱根元宮」を合わせた「三社参り」をすると、「浄化・覚醒・開運」の一連の流れがコンパクトに体験できる、おすすめスポットです。

はづき・おすすめ
超覚醒
神社

「伊勢神宮」
（三重県伊勢市）

本文でもふれたとおり、伊勢神宮とは、伊勢地方に点在する125社のお社の総称です。その中心が「内宮（皇大神宮）」。ここを起点に、125社のお社を巡ることで、「内なる神」と出会い、「本当の自分」に気づき、生まれ変わる（＝覚醒）ことができるようになるのです。「内宮」を訪れる前に、まずは「外宮（豊受大神宮）」に参拝して、ご挨拶を済ませておくこと。「内宮」内では、「正宮」に参拝するだけでなく、「瀧原宮」や「風日祈宮」などの別宮にもお参りしましょう。中でも私のイチ押しは、「荒祭宮」。ここは天照大御神の「荒御魂」をお祀りする重要なお社。できれば、このお社の前で、ひとりでゆっくり瞑想する時間をとりましょう。もしかすると、あなたも突然、「覚醒」してしまうかもしれませんよ。

◇◇◇

はづき・おすすめ
全国の
【覚醒】
神社

神社は「生まれ変わる」ための「場のしくみ」です。ですから、どの神社に行っても、生まれ変わり効果はある程度得られますが、本気で「覚醒したい（＝「内なる神」と出会いたい）」と願うのなら、やはり日本を代表する、二つの神社へ参拝することをおすすめします。

その二つとはズバリ！「伊勢神宮」と「出雲大社」です。この二つのお社は、まさに「陰と陽」の関係。皇室の祖神を祀る「伊勢神宮」は、フォーマルな「陽」のエネルギー。国譲りの神話が残る、日本海側にある「出雲大社」は、八百万の神々が集まり、水面下で協議する「陰」のエネルギーを担当しています。

「**伊勢神宮**」の125社ある別宮の中で、特に私のおすすめは、「月読宮」。文字通り「月（ツキ）」の流れを読み、月の世界（＝宇宙）を司る、天照大御神の弟神「月読尊」をお祀りしています。私のような「目に見えない世界」を探求する者にとっては、外せない重要なお社です。

「**出雲大社**」（島根県出雲市）のほうは、本殿から真っすぐ伸びる長い参道もステキですが、私のおすすめは、本殿の真裏にある「素鵞社（そがのやしろ）」。天照大御神の弟神であり、出雲大社の御祭神である「大国主命」の親神でもある、「素戔嗚尊（すさのおのみこと）」をお祀りしています。ここで感謝を捧げて、ゆっくり参拝することが大切。さらに出雲大社から少し離れた「稲佐の浜」も、ぜひ訪れていただきたい場所。神々をお迎えする場所である、この浜の「弁天島」付近は浄化効果も高く、生まれ変わりを促す覚醒効果もあるので、時間があれば、「出雲大社」から歩いて行くのも、おすすめです。

伊勢と出雲という2大神社以外にも、覚醒効果の高い神社と言えば、「**幣立神社**」（熊本県上益城郡山都町）です。ここは知る人ぞ知る、スピリチュアル・スポット。日本で一番古い神社と伝えられ、さらに宇宙の創造主である「天の御中主神（あめのみなかぬしのかみ）」を祀る神社としても有名です。本殿には人類の起源といわれる「五色神面」が奉納されており、ここから人類の歴史が始まったという話も。覚醒を意識して、世界平和の祈りを捧げましょう。

はづき・おすすめ

超開運 神社

「明治神宮」（東京都渋谷区）

全国に開運神社は数あれど、私がおすすめするのは、明治神宮。理由は明快。初詣客が日本一。なんと正月三が日で、300万人以上が訪れるとは、驚きです。「人が集まる」ということは、「人気」があるということ。人の気が集まる、人気スポットほど、開運効果が高まるのは当然です。

ただ、それは同時にネガティブな人の気も集まりやすいので、参拝する場所と時間は要注意。午前中に、代々木方面から伸びる「北参道」からの参拝が、私のおすすめ。この一直線に伸びる参道のエネルギーは素晴らしい！　さらに宝物殿の前に広がる芝生広場は、都会のオアシス、穴場です。これだけ多くの人が訪れているのに、本殿の聖域内は常に清浄に保たれており、日本の中心・東京で成功・開運したいのなら、参拝は必須です。

はづき・おすすめ 全国の【開運】神社

「開運」を担当する神社の特徴は、まずは明るく軽く、開かれた空気感があること。そして人が集まり（＝人気があり）、掃除が行き届いていること。そんな「開運神社」として、おすすめできる五社をご紹介しましょう。

「**北海道神宮**」（北海道札幌市）。北海道には元々、神社の文化はないと言われ、明治になってから建てられた、比較的新しい神社です。明治天皇も祀られているので、明治神宮と雰囲気が似ています。ここは北海道の開拓精神が宿る場所なので、結婚、新築、就職、独立など、新しいことに挑戦する際、開運効果が高い神社です。

「**熱田神宮**」（愛知県名古屋市）。いわゆる「三種の神器」のひとつ、「草薙神剣（くさなぎのつるぎ）」をお祀りする、由緒正しい神社です。私のおすすめは、別宮の「八剣宮」。織田信長や徳川家康などの戦国武将から信仰を集めたことから、勝負事や仕事運など、何か人生の決断を迫られたときに参拝すると、覚悟が決まり、運気が拓けるかも。

「**大神**《おおみわ》**神社**」（奈良県桜井市）。三輪山自体をご神体とする、古い歴史をもつ神社。こちらは「二の鳥居」が象徴的。この鳥居の前後で、空気感がはっきり変わるので、ぜひ体験して。ご神体である「三輪山」にも申請すれば登れます。私も何度か登拝していますが、登拝する度に新しいステージが開けてきたので、開運したい方には、おすすめです。

「**西宮神社**」（兵庫県西宮市）。ここと近くにある「廣田神社」は、私にとって、なじみ深い「産土神社」です。「西宮神社」は「えべっさん」の愛称で親しまれる、全国のえびす神社の総本社。言わずと知れた商売繁盛の神さまです。明るく開かれた雰囲気は、慶事のときに特におすすめしたい神社です。

「波上宮」（沖縄県那覇市）。御嶽（うたき）信仰が盛んな沖縄独特の風習と、本土の神社が絶妙な形でマッチしているのが、ここ「波上宮」。ここは本殿の真下に当たる、「波の上ビーチ」の西端が、ズバリ！　聖域。ビーチから見上げると、巨大な磐座の上に神社が鎮座しているのが、はっきりわかります。沖縄らしい明るく軽い波動で、未来を切り開くパワーあふれる神社です。

おわりに

ここまで、神さまに愛されて、幸せになるための神社の参拝方法について、具体的な作法を中心にお伝えしてきました。

これまでの一般的に知られている参拝方法とは異なるものもあったので、戸惑われることもあったかもしれません。ただ、こうした「神社のしくみ」を知って参拝するのと、知らずに参拝するのとでは、明らかな「違い」が生まれます。

それは「良い・悪い」と「差」をつけるものではありませんが、その些細な「違い」が、やがて大きな「違い」となって、人生に現れてくるのは避けられません。

日本は神道の国なのです。それは厳然とした事実です。

イスラム教、最大の宗教行事である「メッカの大巡礼」に集まる信者の数は、200万とも、300万人とも言われています。これに対して、初詣に明治神宮を訪れる人の数は、正月三が日だけで、300万人以上。伊勢神宮（内宮・外宮）を訪れる参拝者でも、年間で1000万人近いと言われており、3大宗教の聖地を訪れる人の数に、決してひけをとっていません。

にもかかわらず、私たちは神道のことも、神社のことも、神さまのことも、何も知りません。誰にもちゃんと教えられることもなく、よく知らないのに、毎年これだけの人数が訪れていることにも驚きますが、逆に日本人が神道や神社のことをよく学んで訪れたら、どんなすごいことになるのだろうとも思います。

それぐらい日本という国は、やはり不思議で特別な国であると言えるでしょうし、日本人は常に神さまとともに生きているので、その存在があまりに当たり前になってしまっていて、そのすごさに気づいていないだけなのかもしれません。

しかし今後、ますます増加してくるであろう外国人観光客は、「そこ」が知りたいのです。

「日本人はなぜ、そんなに神社に行くのか？　神社で何をするのか？」

「神社には、何があるのか？　神社に置かれているパーツは、なんのため？」

「神社とは？　神道とは？　日本の神さまとは？」

彼らは「そこ」に興味があるのです。にもかかわらず、それらをきちんと説明できる日本人は、ほとんどいません。それはとても、もったいないことですし、外国人の「知りたい」欲求に答えられないのは、日本の国としても、日本人としても、大きな国益を損ねていると言えるでしょう。


本書をまとめるに当たり、そんなことも少し意識してみました。

「こういうものだから、こうしなさい」とアタマごなしに、手法やノウハウだけ伝えても、人は動きません。「なぜ、そうなっているのか」「なぜ、そうするのか」という理由がはっきりすれば、誰もが納得して動けるでしょうし、第三者に対して……、特に外国人から理由をきかれたときも、日本人としての誇りをもって、堂々と答えられるようになるのではないかと思うのです。

そうすることで、日本に根差す「神道のこころ」が日本全国から、やがて世界に広まり、さらに日本の神社が、日本だけでなく、世界中の人からも愛されるようになるといいな〜と思い、本書をまとめさせていただきました。

日本の神さまは、本当に自由です。そして、泣いたり、笑ったり、怒ったりと、とても人間っぽい……。それは私たち自身が本来、自由な存在であり、神そのものだからです。その大切なことを思い出すための参拝方法が、本書でご紹介した「感動の神社参り」です。神社に行く度に、私たちは神になる。私たちがかつて、神だったことを思い出し、神に戻り、神とひとつになり、感謝・感動できる場所、それが神社です。

大好きな、大好きな神社のことについて、こうして一冊の本にまとめる機会を与えてくださった「目に見える存在」「目に見えない存在」、すべてに対して、改めてこころよりの御礼と感謝を捧げます。ありがとうございます。弥栄《いやさか》！　深謝！

はづき虹映　拝

はづき　虹映（こうえい）

作家。講演家。「はづき数秘術」創始者。

1960 年、兵庫県西宮市生まれ。関西学院大学経済学部卒。

'95 年の阪神・淡路大震災をきっかけに、「目に見えない世界」の探求に目覚める。

なかでも、古代ユダヤの智慧「カバラ数秘術」をもとに、大胆な発想で独自の編集を加えた、「はづき数秘術（誕生日占い）」を確立。２万人以上の個人診断カルテを作成し、「コワイほど当たる！」とＴＶやラジオ、雑誌で大きな話題に。

また日本の神道にも造詣が深く、日本全国各地の神社を訪れ、その様子をオリジナルの動画にして配信。多くの視聴者を集めている。

さらに作家としても、主に「占い」「スピリチュアル」「自己啓発」の分野を中心に、すでに 15 年以上にわたり、精力的な執筆活動を続けており、『２週間で一生が変わる魔法の言葉《じゅもん》』（きこ書房）、『誕生日占い』（中経の文庫）、『すごい片づけ』（河出文庫）、『いちばん大事な日本の話』（IMAJIN・BOOKS）など、数多くのベストセラーを生み出し、著作累計は 85 冊以上、200 万部を超えるミリオンセラー作家でもある。

（2019 年 12 月現在）

はづき虹映オフィシャルサイト『はづきＣＬＵＢ』
https://hazuki.club/

神《かみ》さまに愛《あい》されて超開運《ちようかいうん》する 感動《かんどう》の神社参《じんじやまい》り

2019年12月30日　初版１刷発行

著者　　はづき虹映《こうえい》
発行者　田邉浩司
発行所　株式会社 光文社
〒112-8011　東京都文京区音羽1-16-6
電話　編集部 03-5395-8172　書籍販売部 03-5395-8116　業務部 03-5395-8125
メール　non@kobunsha.com
落丁本・乱丁本は業務部へご連絡くだされば、お取り替えいたします。
組版　　堀内印刷
印刷所　堀内印刷
製本所　榎本製本

ISBN 978-4-334-95130-6　Printed in Japan